现代职业教育体系中的
职业本科课程体系建设研究

杜金风　韩慧敏　冯莉颖 ◎ 著

吉林出版集团股份有限公司

版权所有　侵权必究

图书在版编目（CIP）数据

现代职业教育体系中的职业本科课程体系建设研究 / 杜金风，韩慧敏，冯莉颖著. — 长春：吉林出版集团股份有限公司，2023.10

ISBN 978-7-5731-4396-9

Ⅰ.①现… Ⅱ.①杜… ②韩… ③冯… Ⅲ.①高等学校－课程建设－研究 Ⅳ.①G642

中国国家版本馆CIP数据核字（2023）第191555号

现代职业教育体系中的职业本科课程体系建设研究
XIANDAI ZHIYE JIAOYU TIXI ZHONG DE ZHIYE BENKE KECHENG TIXI JIANSHE YANJIU

著　者	杜金风　韩慧敏　冯莉颖
出版策划	崔文辉
责任编辑	于媛媛
封面设计	文　一
出　版	吉林出版集团股份有限公司
	（长春市福祉大路5788号，邮政编码：130118）
发　行	吉林出版集团译文图书经营有限公司
	（http://shop34896900.taobao.com）
电　话	总编办：0431-81629909　营销部：0431-81629880/81629900
印　刷	廊坊市广阳区九洲印刷厂
开　本	787mm×1092mm　1/16
字　数	235千字
印　张	13.5
版　次	2023年10月第1版
印　次	2024年1月第1次印刷
书　号	ISBN 978-7-5731-4396-9
定　价	78.00元

如发现印装质量问题，影响阅读，请与印刷厂联系调换。电话0316-2803040

前　言

随着社会的快速发展和科技的不断进步，人们对于职业教育的要求也越来越高。职业本科教育是近年来备受关注的一个热门话题。职业本科教育不仅注重理论知识的传授，更强调实用技能的培养。可以说，职业本科教育是将学术与现实相结合的一种教学模式。然而，目前职业本科教育体系中的职业本科课程体系建设仍然存在不少问题。为了更好地推动职业本科教育的发展，我们需要对职业本科课程体系的建设进行深入的研究和探讨，以期能够提供更加全面、实用和创新的教育方案。

鉴于此，笔者写作了《现代职业教育体系中的职业本科课程体系建设研究》一书。本书首先探讨了现代职业教育体系理论，并对职业本科教育人才培养、职业本科的元素与内容构建进行了分析；其次论述了职业教育本科课程体系建设，并对产教融合型课程开发路径进行了探索；最后突出实践性，围绕区域特色专业课程体系建设典型案例进行了研究。

本书聚焦于现代职业教育体系中的职业本科课程体系建设研究，强调了职业本科教育注重实用技能培养的教学模式和学术与现实相结合的特点。然而，当前职业本科教育仍然面临许多问题，需要深入研究和探讨，才能够提供更加全面、实用和创新的教育方案，这突出了研究的重要性。同时，本书还展示了对未来职业本科课程体系建设发展的期望，具有一定的前瞻性。

本书汲取了许多相关专家的研究成果，同时也受到了很多专家和老师的慷慨相助，在此衷心致谢。在成书过程中，笔者经过多次修改和校验，参考了大量资料。由于笔者水平有限，书中难免存在不足之处，敬请广大读者批评指正。

目 录

第一章 现代职业教育体系理论研究……1
- 第一节 职业教育及其功能……1
- 第二节 职业教育体系架构……14
- 第三节 职业教育的产生与发展……44
- 第四节 职业教育体系建设的理论研究……46

第二章 职业本科教育人才培养概述……81
- 第一节 职业教育人才培养的特点……81
- 第二节 职业教育人才培养的目标……83
- 第三节 职业教育人才培养的模式研究……84

第三章 职业本科专业的元素与内容构建……109
- 第一节 职业本科专业的重要元素……109
- 第二节 职业本科专业的教材建设……112
- 第三节 职业本科专业的内容构建……120
- 第四节 职业本科专业评价设计的逻辑与路径……123

第四章 职业教育本科课程体系建设研究……127
- 第一节 课程开发理论与模式……127
- 第二节 课程开发的问题与工作分析……129
- 第三节 职业教育本科课程的开发与实施……130
- 第四节 职业本科实践课课程体系的建设……133

第五章 产教融合型课程开发路径……136
- 第一节 产教融合及其功能与作用……136
- 第二节 产教融合改进路径及其助推价值……178
- 第三节 产教融合视角下职业教育课程改革……188
- 第四节 产教融合背景下课程开发的策略……192

第六章　区域特色专业课程体系建设典型案例 …………………………… 197
　　第一节　航海技术专业课程体系建设研究 ………………………… 197
　　第二节　应用化工技术专业（石油化工方向）课程体系建设研究 ………… 200
　　第三节　机械设计制造及自动化专业（智能制造方向）课程体系建设研究 ‥204
参考文献 …………………………………………………………… 208

第一章 现代职业教育体系理论研究

第一节 职业教育及其功能

一、职业教育概述与性质

（一）职业教育的相关概念

1. 职业教育与普通教育的兼容

任何一种教育思想及由此产生的教育制度都有两方面的基础：①历史传统的影响；②社会现实的需要。前者表现为对传统的继承，后者则表现为对传统的改造。普通教育是指受教育者通过基础性教育，掌握普遍性的知识、观念、工具和方法。普通教育也好，职业教育也好，都只是一种人为的划分而已，从本质上来看，这两类教育是相融相交、互为依存的。例如，在普通教育阶段，日益强化的劳动技术和科技发明等教育融入了现代职业教育因素；在职业教育阶段，逐渐加强的人文知识和文化基础知识，则是普通教育的范畴。二者互为依存，协调发展，顺应了"普通教育职业化，职业教育普通化"的国际教育改革发展潮流。

2. 职业教育与技术教育的融合

在培养一线应用型人才的职业教育中，技术教育占有重要的地位。因为科学的根本职能在于认识世界，技术的根本职能在于发现世界。技术教育有两种含义：①技术教育是职业教育的一种类型，是职业教育的子概念；②技术教育是培养技术型人才的教育。

职业是社会的分工，技术是人对自然（或客观世界）的改造；职业的载体是人，技术的载体包括物与人。技术教育根据其所达到的目的，技术教育可以分为两类：①为取得某种职业资格或为从事某种职业而进行的职业教育，称为职业技术教育；②不针对某种职业需求而进行的技术教育，称为劳动技术教育。前者主要在中学后职业定向阶段进行，后者主要在基础教育阶段进行。劳动技术教育属于生活知识和劳动教育，其目的在于培养学生的劳动观念、劳动习惯，使学生学会一些劳动技能，在职业教育范畴中属于职业陶冶，而非职业技术教育。

（二）职业教育性质

教育是培养人才的社会活动，教育对社会经济发展的促进作用，是通过培养人才实现的，这是各类教育的共同特征。职业教育在人才培养实践中，其鲜明的个性特征就是职业定向性。即在人才培养过程中，职业教育表现出很强的职业岗位针对性、实践性以及对职业岗位变化的适应性。我们研究职业教育的职业性特征，不仅有利于加深对职业教育本质特征的理解，对理解职业教育与普通高教的异同之处，以及更好地理解高等教育的本质属性与功能，亦有很强的启示作用。

值得注意的是，虽然职业性是专业教育的共同属性，但是，不同类型的专业教育，在职业性特征上有着各自鲜明的特征。高等职业教育与普通的职业性特征就有着非常明显的区别，这种区别主要表现为职业教育具有很强的职业岗位针对性、实践性以及对职业岗位变化的适应性。

1. 针对性

职业岗位（群）是高等职业教育安排所有活动的出发点和依据，它不同于普通高教，普通高教不会专门针对特定的职业岗位，它的适应能力更加宽泛。而职业教育培养的人才所具备的职业岗位针对性比普通高教更强，其所有的出发点都是为了匹配职业岗位。

高等职业教育的目的就是为特定的职业岗位培养所需的人才，重点在于职业能力的获得。因此，国民经济职业体系就是这套知识体系的构成基础，其设定的专业如美容专业、秘书专业等都是根据职业岗位（群）进行的，而不是根据学科进行的；其课程和教学计划的安排都是和职业岗位（群）的职业能力相适应的，而不是为了符合学科要求；其业务目标是为了改善或谋求某种职业，所以它的关注点是从业务上对从业人员、行业和职业岗位提出要求，将相关的知识和技能提供给所需的职业岗位，而完整和系统的学科理论则不是其要追求的重点；它要学习的是基础理论，掌握应用技术和本专业所需的高新技术；其能力结构是用横向型来体现复合性的。从教学工作的角度来看，教学工作的组织原则要遵循"符合职业岗位实际"；不同专业的教学计划、知识能力结构和学生具备的素质是职业岗位明确需求的基础；对学生是否熟练地掌握了职业技能和技艺进行考核，并做出评价。职业资格证书才是职业教育连接社会的纽带，而非单纯的学历文凭。总而言之，职业性与"职业岗位（群）"在职业教育中有着紧密的联系。

2. 适应性

职业性的特征是普通高教也具备的，但普通高等教育基本都是间接联系市场和社会经济的，而不是直接的。就像前面所说的，普通高教的职业针对性并不强，也不需要根据特定的职业岗位来设置知识体系、课程和专业，重点在于知识和能力结构的构建，这让普通高教受到的职业岗位变化带来的影响低于高等职业教育。所以，普通高教与学科联系的密切程度要远高于与社会职业岗位联系的密切程度。

而职业教育天生就和经济发展有着密切的联系，因为职业教育是在工业经济时代得到蓬勃发展的。实践证明，职业教育的发展离不开经济的进步和市场需求，职业教育必须扎根于经济和市场这两块肥沃的土壤中。因此，职业教育要根据社会职业岗位的实际需求来制定发展方针，职业教育要想发挥作用，得到更好的发展，就必须符合社会职业岗位的需求。

3. 实践性

职业教育培养人才的方向是技术型，所以培养实践能力成为职业教育的重点，这是由其人才特性决定的。以下是职业教育职业性所展现的实践性特点：职业教育培养的人才针对的是服务和生产的一线，是以基层为主的，能够在生产一线熟练运用各种技术的服务、技术和管理等人员才是培养的主要目标,而非研究新的工艺、产品和技术;其教学过程的重点在于应用不同的技术,培养实践能力;在职业教育中,比重较大的是实训部分,所以上岗实践训练就必须在校完成,这样学生在毕业之后就可以进入工作岗位;职业教育需要双师型的专业教师,同时也要具备实践能力。此外,还要关注那些从生产一线来做兼职教师所发挥的作用,而且所处的实训场所和所用的试验设备都要和现场相似,这样才能培养学生解决不同问题的能力。

二、职业教育的基本特征

特征是事物所具有的特殊象征或标志。职业教育的性质与功能是为大力发展高等职业教育,把握高等职业教育的特征则为其人才培养目标的设置、人才培养规格与模式的确定,提供了方向性的指导。因此,正确把握高等职业教育的特征对职业教育,乃至整个教育体系的健康发展都有着十分重要的意义。总体而言,职业教育的基本特征主要体现在它与学术型普通高等教育的区别上(图1-1)。

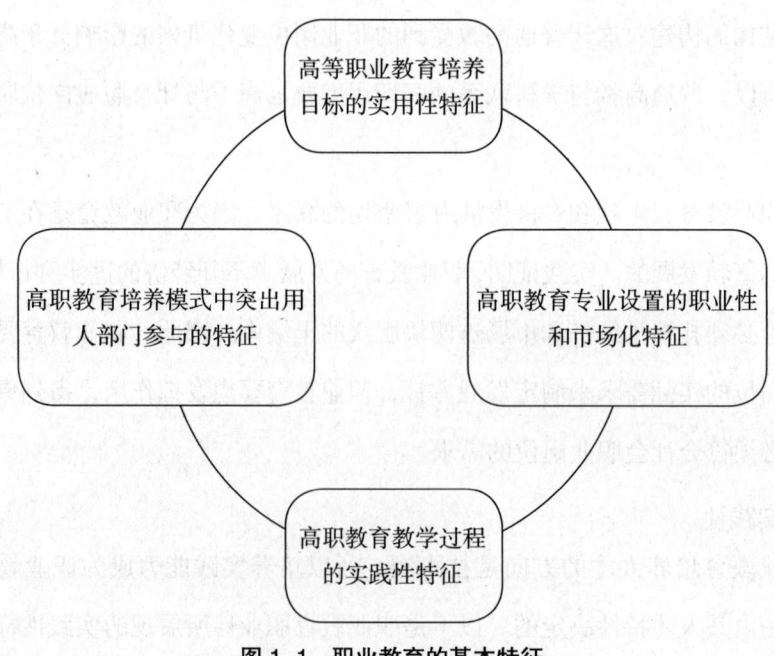

图1-1 职业教育的基本特征

（一）职业教育培养目标的实用性特征

教育是按照社会要求培养受教育者的活动。如前所述，当前社会对人才的需求体现出高素质、多类别、多层次的特点。总体而言，需要两大类人才：一类是少而尖的学术型人才和高技术人才，他们主要从事的是探索、发现自然界和人类社会的奥秘，不断"认识世界"的工作；另一类是大众型的应用型人才，他们运用已知的自然和社会发展规律，为社会谋取直接利益。而应用型人才又可分为工程型人才和技术应用型人才。职业教育具体的培养目标比较多样，几乎覆盖社会的各行各业，但就其人才类型而言，主要是实用性的技术型人才。具体体现在以下两个方面（图1-2）：

```
 ┌─────────────┐ ┌─────────────┐
 │ 人才培养标准  │ │ 人才培养标准  │
 │  方面的特征  │ │  方面的特征  │
 └─────────────┘ └─────────────┘
```

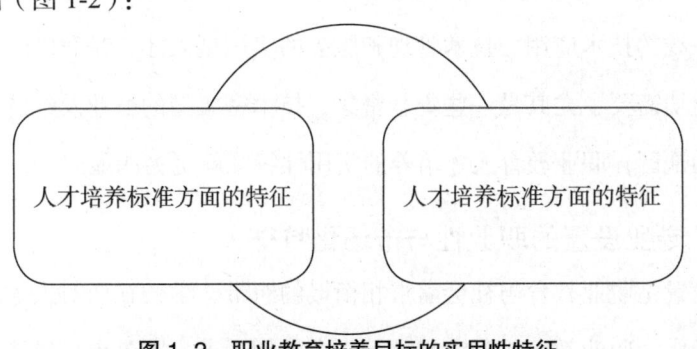

图 1-2 职业教育培养目标的实用性特征

1. 人才培养标准方面的特征

在人才培养标准上，特别强调学生应该掌握应用知识的技能和解决实际问题的能力。职业教育教学指导思想是确保学生能够获得相应职业领域所需的能力。为此，应制订教学计划、课程以及质量评价标准，始终以学生获取相关职业技能为目标。所有的教学工作都以帮助学生获得相应职业领域的能力为出发点和终点，其人才培养要达到的能力标准涵盖以下相关内容：

（1）相应职业领域的能力是一个职业能力与其他相关能力的综合概念，包括知识、技能、经验、态度等为完成职业任务、胜任岗位资格所需要的全面素质。

（2）科学技术的迅猛发展使社会职业岗位的内涵和外延一直处于不断的变动之中，因而职业教育所培养的人才能力不能仅局限于胜任某一具体职业岗位的能力，还要使学生获得对职业岗位变动的良好适应性和可持续学习的能力基础。

（3）技术型人才往往是现场工作群体中的重要人员，因而他们所应具备的能力构成中，合作、公关、组织、协调、创新及风险承受等所谓"关键能力"或曰"基础能力"以及良好的品行和职业道德修养具有特殊的重要性。

2. 人才服务对象方面的特征

在人才服务对象上，职业教育培养的人才面向的是基层、生产和服务第一线。职业教育作为职业教育的重要组成部分，与经济、企业的关系最为直接，是科学技术向现实生产转化的重要途径，在实现"两个根本性转变"的过程中发挥着重要的作用。当今世界人才的竞争，除研究、开发型人才的竞争外，相当程度上是生产、管理和服务第一线实用型人才整体素质的竞争。此外，发展职业教育，培养生产第一线的技术应用、技术管理和服务的实用型人才，是我国经济建设、社会发展的迫切需要，尤其是一些资金密集、技术密集型的行业及经济发达或正在走向发达的地区，职业教育人才培养的实用性特征就更为明显。

（二）专业设置的职业性与市场化特征

专业设置是职业教育与社会需求相衔接的纽带，学校在面对人才市场变化时需要主动适应。职业教育成为满足社会需求的切入点，因为市场经济下需求体现为市场需求。职业教育与本地经济发展紧密相关，专业设置应面向地区市场。随着科技发展和产业结构的调整，职业岗位不断变化，高职专业需要不断调整和发展。这意味着学校应关注行业趋势，及时调整课程设置和教学方法，以保持与市场同步。此外，学校还应积极与企业合作，开展实习和实训活动，提供学生接触实际工作环境的机会。通过这些措施，学校可以为学生提供与市场需求匹配的职业技能，增加他们就业和创业的竞争力。因此，职业教育在专业设置上，必须以市场需求为导向，面向生产、建设、服务、管理一线，以地区产业结构和社会人才需求变化趋势作为确定专业主体框架的主要依据，使专业设置既能充分适应行业或产业结构长期变化和发展的趋势，又具有快速调整能力，能够及时跟踪社会职业需求热点转换，而不能像学术型普通高等教育一样用专业目录去规范和限制。

在市场经济高度发展的今天，作为我国市场经济伴生物的现代意义上的职业教育，其生命力之所在就是专业设置紧贴社会，培养具有综合职业能力和高素质的、直接面向生产一线的技术、技能型人才。

（三）职业教育教学过程的实践性特征

职业教育的培养目标是素质高、能力强、上岗快、用得上的技术型人才，这一培养目标决定了学生在校期间必须完成上岗前的实践训练。因此，其整个教学过程的实践性特征非常突出。职业教育教学过程中的实践性特征突出表现在如下三个方面：

1. 教学计划的制订要突出对能力的培养

职业教育在教学计划的制订上突出对学生职业能力的培养，这与普通高等教育在教学计划的制订上，以突出学生对理论知识的掌握为主线有很大区别。同时，职业教育教学计划的制订是在社会调查的基础上，从职业分析入手，借鉴能力本位教育 CBE（Competence Based Education）的思想，按岗位或岗位群的职业要求，将综合职业能力分解成若干项专门能力，有针对性地设置相应课程，并聘请企业界有关专家，对教学计划的可行性进行论证，以优化课程设置。为避免因培养周期较长所带来的弊端，职业教育对教学计划的实施进行动态管理、滚动修订，以保证课程设置和教学内容的科学性、先进性及人才的职业适应力。

2. 教学内容上理论与实践要相结合

技术技能型人才的总体特征是理论技术与经验技术相结合，为此职业教育在课程内容上比较注重使学生掌握理论技术所必需的理论基础及相应的应用能力。在课程结构上，职业教育强调把学生能力的培养放在突出位置，其理论课程体系是为专业综合理论和专业技术能力服务，主要包括专业理论和基础理论两类，它们共同支撑着高职人才的持续发展和适应能力；而实践课程体系则是为培养专业技能、职业能力服务的，主要是直接反映当前职业岗位工作需求的专业技术知识，具有较强的就业导向性。

3. 在实践性上要重点突出教学环节

衡量高职学生的学习效果，很大程度上是以培养目标所要求的知识和能力为标准的。所以，高职学校在教学过程中都比较突出实践性教学环节的重要性。一般而言，其在教学计划的编制上都安排有足够的实训时间，如校内实训和社会岗位实训时间等实践性环节约占总教学时数的 1/3 以上，以使学生具有较强的职业技能和实践能力。为使实践性教学环节得到落实，高职学校比较重视实训场所和设施的建设。比如，注重建立现代化的校内专业实训基地，以供学生进行现代化的技术手段操作模拟训练；建立稳固的校外训练基地，以保证学生的综合专业技术实习落到实处，使学生的实习与专业技能实践形成有效的衔接；开展丰富多样的与本专业相关的实践训练、社会调查、社会服务等活动，以提高学生的综合素质和全面能力，使技能培训制度化、规范化，在教学计划中通过专门安排基础技能训练、专业技能训练、顶岗实习等实践性教学环节，明确规定各专业学生在校期间所应取得的操作技能等级证书，以作为学生质量获得社会公认的"合格证"。

（四）培养模式中突出用人部门参与的特征

用人部门（单位）会直接参与到职业教育培养人才的过程中，这是和普通高教的不同之处。高等职业教育之所以需要用人单位参与进来，就是因为培养的人才要符合一线生产、管理和服务的要求，只有和办学伙伴之间建立联系，才能更快更好地达到培养目标，让教学质量得到提升。在人才培养的过程中，用人部门可以提供不少便利。

第一，新的知识和技术随着科技的高速进步和发展出现得越来越多，这在学校教育中就能体现出来，职业教育毕业生的特点就是技术创新能力高，而且会使用新的实用技术。只有在真实的环境中才能掌握那些课堂上没有的经验，养成一些下意识的良好习惯。

第二，缺乏的师资力量、教学设备和学校实训场地都能够在用人部门的帮助下得到解决，让教育资源得到科学、合理的配置和利用；可以让职业教育根据社会职业岗位需求来设置教学方案和专业，提高高职建设的专业程度，使其更贴合市场。

三、职业教育的功能阐释

事物产生的作用和功效就是功能。在高等教育中，职业教育是必不可少的一部分，在社会和经济发展、人才培养等方面都有着不可忽视的作用。我国在建立了市场经济体制之后，职业教育就改变了以往的功能。通过对职业教育当前的功能进行深入研究，可以让我们对其发展方向有所了解，从而让高职人才为建设做出更多的贡献。

（一）职业教育的经济功能

1. 直接推动生产力的发展

从职业教育的本质来看，职业教育与生产力、经济、产业联系最为直接、最为紧密，对推动经济的发展具有天然的优势，是把科学规律转化为现实生产力的桥梁。它能够培养经济发展所需要的人才来直接推动经济的发展，而不像普通高教所培养的人才在将知识转化为现实的生产力时还必须经过一定的转化过程，这也是世界上许多国家都努力提高地方政府和企业发展职业教育积极性的主要原因之所在。

职业教育这一优势的发挥对我国而言更为迫切。原因之一就是实现科技进步需要大量的中、高级技术劳动力，而我国大部分科研机构独立于企业之外，在将其科研成果转化为生产力的过程中，缺乏企业中间试验和制造能力等方面的辅助性技能型人力资源的支持。

2. 知识经济时代职业教育经济功能的有效发挥

职业教育尽管是在第二次世界大战以后逐渐兴盛起来的，但在21世纪已经到来的知识经济时代仍将发挥巨大的作用。因此，新科技革命的浪潮必将引起新的产业革命和新的产业结构调整，生产过程更加自动化和集约化，生产技术更加精密化和高度化，生产设备将更加复杂化和信息化，由此生产出来的产品的技术含量将越来越高。一方面使得传统的职业岗位的内涵日益丰富，工作难度越来越高，智能成分不断增长；另一方面又产生一批既需要高理论，又需要高技术的职业岗位。这样，从业人员在过去较低文化基础上形成的职业技能已不能满足要求，职业教育的高移化必将成为社会经济发展的必然要求。

（二）职业教育的教育性功能

1. 教育系统中体系与结构的认知

国民教育体系是指各种类型、各种层次教育的有机整体。从系统论的观点来看，以学校为基本单元组成的教育系统是社会大系统中的一个子系统，它与经济、科技等子系统相互影响、相互制约，有着密切的联系。同时，教育本身又是一个小系统，由教育的各个要素按照一定的结构所组成，并形成一定的体系。

系统论表明，结构与功能是系统的基本要素，其中结构是功能的内在根据，功能是结构的外在表现。一定的结构总是体现为一定的功能，最佳结构方能体现出功能效益的最大化。同时，功能也会对系统的结构产生反作用，如果系统的功能不能适应环境的变化，就会对系统结构的改进提出要求，否则就会导致系统结构的衰退。

所以，系统必须具有合理的结构，不合理的结构必定会影响到功能的正常发挥。教育作为一个具有独立结构与功能的系统，也必须要考虑系统优化的问题。一般而言，教育可以通过内部结构的合理构建和动态调整，使其自身与其他社会子系统之间，以及系统内部的各个小系统之间相互协调、共同发展，从而充分发挥教育的功能。

2. 职业教育在教育体系与结构中的地位

教育结构是由人才结构来确定的。社会需要怎样的人才，作为以人才培养为己任的教育就必须具备相应的教育品种与类型，否则就会失去其应有的价值。按照人才知识与能力结构的不同，人才可分为理论型人才、高技术人才、技术型人才和技工，这四类人才的社会功能虽有显著差异，但都为社会所需、不可或缺，缺乏任何一种类型的人才，或这些人才类型之间比例不合理，都可能严重影响社会的正常运转。

人才是由教育培养出来的，人才类型的不同决定了教育类型的差异。人才的结构和体系，决定了教育的结构和体系。因此，与人才结构相对应，教育可以分为学术型教育、高技术型教育、技术型教育、技工教育。作为现代社会的一个组织系统，这四类教育也同样是不可或缺，并须具备合理的结构，以发挥其固有的功能。

3. 教育结构与教育功能的发挥

结构是功能发挥的前提和基础，我国当前的教育结构体系尚不完善，从而影响了教育功能的发挥。

（1）教育体系中的类型结构。我国现代意义上的高等教育自产生以来，就承袭了世界高等教育的学术性传统，始终未把培养技术型人才的职业教育作为一种独立的教育类型加以确立，以致我国的高等教育长期处于只重视以学科为本位的普通高教的单一状态之中。尽管高等专科教育和成人教育以及普通本科教育也力求为生产实践服务，为第一线培养技术型人才，但这一人才培养目标始终没有在我国的高等教育领域确立起来，学术型、高技术型人才一直是我国高等教育人才培养中所追求的目标。

当前，我国高等教育这种单一化的人才培养类型，随着经济社会的发展，已越来越难以适应社会的需求。实际上，高教本身已觉察到这种结构上的弊端，高职院校也曾采取多种改革措施，但由于长期没有把培养技术型人才的高等教育作为一种独立于传统普通高教的教育类型加以确立，因此缺乏实际有效的政策导向和支持，也不利于观念的更新，致使高等教育体系结构改革受到极大限制，高等教育类型单一化的基本格局至今没有得到根本改变。

（2）职业技术教育体系中的层次结构。第一，不符合社会发展对人才的需求。教育是由社会所需要的人才决定的，人才的层次、类型、数量等要素，无一不对教育的发展起到重要的影响。当前，随着经济的发展，许多职业岗位的技术含量逐渐提高，原来由中等职业教育培养的技工和普通高职院校培养的学术型人才已经难以适应这种变化，这些职业岗位必须由接受过高等职业教育的技术型人才来担当。

第二，不利于职业教育本身的长远发展。一方面，使得大量职业教育的毕业生难以受到市场欢迎。同时，由于我国的职业教育体系与普通教育体系横向联系极其有限，使职业教育在一定程度上成为事实上的"终结性"学术型教育。另一方面，使得整个职业教育失去了完整性，这种"不完整性"使职业教育很难发挥其独立类型教育形式的特性，从而影响了职业教育本身功能的发挥，对人们的观念也将产生巨大的影响。

4. 职业教育是构建教育体系完善的关键

（1）明确职业教育的定位。当前我国高等教育结构失衡所带来的问题，主要原因在于职业教育的定位不明，无法培养出社会所需要的技术型人才，从而制约了高等教育功能的正常发挥。而明确职业教育的定位，可以使高等教育体系的结构合理化，功能完整化。职业教育的发展，一方面可以通过培养社会所需要的技术型人才，满足社会对高等教育的需要，完成高等教育的基本职能；另一方面可以成为推进高等教育大众化的重要力量。

（2）完善职业教育体系。完善职业教育体系可以促进职业教育发展的合理化。第一，有利于职业教育的沟通与衔接。高等职业教育定位不明，使职业教育进行有效的沟通与衔接，在很大程度上削弱了职业教育的吸引力，阻碍了职业教育的发展。完善职业教育体系，有利于二者的衔接，有利于中等职业教育的毕业生继续深造，从而增加职业教育的吸引力。

第二，大力发展职业教育，可以使职业教育成为一个完整的教育类型。当前，职业教育主要集中于专科层次，极大地限制了职业教育功能的发挥。作为一个与普通高教并行发展的独立体系，职业教育要继续生存和发展下去，就必须健全体系，建立完整的教育层次。

（三）职业教育的社会性功能

职业教育的经济功能已为人们所熟知，而其社会性功能却是一个较为陌生的话题。当然，职业教育的社会性功能并不是职业教育本身固有的内在功能，而是在当前社会发展的特殊情况下所体现的特殊功能。了解职业教育社会性功能的这一特性，对更完整地理解职业教育有着启示作用。

1. 助推高等教育大众化

高等教育大众化是当代社会发展的必然趋势，职业教育的发展适应了高等教育大众化的发展需要，是高等教育大众化的重要组成部分，在很大程度上满足了社会适龄青年接受高等教育的强烈需求。总体而言，社会发展对高教的客观需要和国民对高教主观上的强烈需求，促进了各国高等教育的大众化。但就我国高等教育的现状而言，其发展状况很难满足高等教育大众化趋势所带来的高等教育扩张的要求。

（1）我国高教总体规模不大，无法满足人们强烈的入学需要。我国高等教育的毛入学率虽说已达到了高等教育大众化的底线，但与我国经济社会发展的需要以及人们对高等教育的需求，还有一定的差距，这种供求问题不仅限制了我国的现代化进程，也难以满足人们接受更高层次教育的迫切需求，甚至已影响到基础教育的健康发展，使我国基础教育一直处于升学指挥棒的阴影下，素质教育很难迈步。所以，高等教育的扩张是一种必然的趋势。

（2）我国现行高等教育体系形成于精英教育的时代，人们普遍重视普通教育，轻视甚至漠视职业教育，造成学术型的普通高等教育社会地位高而职业教育受到无形的压制的局面，这种以学术型普通高等教育为主导的高教体系在社会经济不甚发达实行精英教育的时代，尚能适应社会的需求。但到了大众化时代，为满足更多的适龄青年接受高等教育的要求，仅仅依靠就业容量有限的学术型普通高教是不可能的。因为学术型普通高教的扩充会使培养出来的学术型、高技术型人才数量超过社会的实际需要，造成人才的结构性过剩，浪费大量的社会资源。同时，由于社会资源过度集中于学术型的普通高等教育领域，使得能够急社会之所需的教育类型在发展上受到很大的限制，从而严重影响了社会经济的持续稳定发展。

因此，我国在加快高等教育大众化的进程中必须另寻他途，即通过大力发展其他类型的高等教育，以使高等教育更好地发挥其社会服务功能。为加速我国高等教育大众化的发展进程，以满足社会各方面的需求，必须把发展职业教育视为整个高等教育发展的重点。

2. 积极解决就业的问题

人口众多是我国的基本国情。然而，人口众多在带来极为丰富的劳动力资源的同时，也给就业问题带来了严峻的挑战。因此，要从根本上缓解就业压力，最根本的是要提高劳动者素质，这就需要发展教育，特别是高等教育。职业教育的发展可以在一定程度上延缓当前的就业压力，而且通过职业技能的加强，人们可以为自己赢得更好的就业资本。

第二节 职业教育体系架构

一、职业教育的结构体系

建立一个完整的现代职业教育体系是非常重要的，这需要考虑层次、种类、形式、布局等方面的因素。然而，目前我国的职业教育体系还存在一些问题。首先，职业教育的发展不平衡，不同地区和行业之间存在差距。其次，职业教育的内部关系还没有得到很好的理顺，各个层次、种类的教育之间缺乏协调和衔接。此外，现有的职业教育结构也存在一定的不合理性，培养目标不够明确。

未来职业教育的发展与现代职业教育体系的建设密切相关。为了解决这些问题，需要关注这些方面：首先，职前教育结构的配置需要更加合理，要充分考虑不同行业、不同职业的需求，提供相关的培训课程和机会；其次，职业教育需要与外部渠道进行联系，与行业和企业密切合作，了解市场需求，为学生提供实践机会和就业支持。此外，职业教育与普通教育、高等教育之间也需要进行沟通和协调，确保学生在不同阶段之间的顺利过渡和衔接。

为了改善职业教育的薄弱状况，需要推动职前职后一体化的培训和衔接。这意味着要将教育与实践相结合，培养学生实际应用所需的技能和知识。同时，基础教育也要分流发展中等职业教育，不仅要关注高中后层次的职业教育，还要兼顾高中后教育中应用型专门人才的培养。为此，可以发展各类应用型工程专科学校、职业大学、职业技术师范学院等，形成中、高职衔接的结构体系。

总之，建立一个健全的现代职业教育体系是我国职业教育发展的重要任务。通过解决职前教育结构配置，职业教育与外部渠道联系，职业教育与普通教育、高等教育的沟通与协调等问题，能够提高劳动者的素质，培养更多的技能人才，推动职业教育的发展。同时，基础教育的分流发展和中、高职衔接的结构体系也将为应用型专门人才的培养提供更好的机会与环境。

二、职业教育的管理体系

我国职业教育发展与改革中的一项重要议题是建立职业教育管理体系。这个问题涉及建立符合我国国情的职业教育管理体制，加强地方管理职能，增强地方政府在职业教育决策和统筹方面的权力，并涉及政府主导下社会各界参与职业教育的格局。

目前，职业教育管理体制存在着条块分割的状况。职业教育在管理上存在着多头管理、政府机构众多的问题。培训资质和培训效果缺乏统一的认证标准，各单位基本上各自为政，随心所欲，教育资源未得到合理配置，这影响了职业教育的发展。

以中等职业学校为例，我国的中等专业学校、技工学校、职业中学按行业归属于不同部门。但是，在同一类学校之间，有些属于教育部门，有些属于政府部门，有些属于劳动部门，还有些由企业经营。其中，许多学校都面临着多头管理的问题，这是管理体制不畅通的一个表现。另外，职业学校的布局分散、专业设置重复以及办学效益低下等问题也是不能忽视的。

因此，建立一个统一的职业教育管理体系是非常必要的。这需要加强各级政府的协调合作，明确各部门的职责和权力边界，推动各类职业学校规范化发展。同时，应该建立统一的培训认证标准，确保教育资源的合理配置和高效利用。此外，还需要加强与行业和企业的合作，建立产教融合机制，提高职业教育的实践性和针对性。

只有通过建立健全的职业教育管理体系，才能更好地推动职业教育的发展，培养更多具备实际能力和适应市场需求的高素质人才，为我国经济社会发展提供有力支撑。

（一）职业教育管理目标

使某种预先设定好的目标得以实现是一切活动和工作管理的最终目的。要想使管理效能得到提高，必须有明确的目标。高职院校的管理者只有对职业教育管理目标加以正确认识和正确制定才能够做好管理工作，此外，"高等职业教育是高等教育和职业教育的重要组成部分，高等职业的发展对经济社会发展具有重要作用"[1]。

职业教育管理目标，是高职院校管理活动在一定时期内所要达到的目的和结果。高职院校各级管理者在管理学校的过程中，依据职业教育的发展规律和学校实际，遵循科学的管理原则，运用先进的管理手段，对学校的人力、物力、财力、时间、信息等进行有效的管理，使之发挥最大的效益，从而全面地、完善地实现教育目标。管理目标除了具有一般目标的特性外，还有系统性、竞争性、适应性、科学性特征。

一所高职院校有许多人员分类，干部、学生、职工和教师的数量众多，只有将全体人员协调统一在教育活动中才能够使专业技术人才高质量培养的任务得到完美实现，这就要求院校内进行相应的管理机构，以此来进行一系列的管理活动。

---

[1] 黄营满.地方政府在高等职业教育管理中的角色定位研究[J].教育与职业，2009（20）：2.

一所高职院校有许多人员层次和分工，但他们拥有一致的目标。院校中的各单位、部门的成员应当以一致的步调协同合作，只有这样高职院校的教学目标才能实现，因此，院校管理工作需要拥有一致的总目标。在院校总目标的基础上，各单位和部门要对自己的具体目标进行制定，使院校目标管理系统得以形成。

高职院校的各种工作，归纳起来无非有两个方面，即教育工作和管理工作。在院校的目标系统中，教育目标与管理目标是既有区别又有联系的两个侧面。它们是相互依存、相互作用、相辅相成的。教育目标是制定管理目标的前提和依据，管理目标是为实现教育目标服务的；而教育目标的实现，必须以管理目标的实现为条件。因此，确定高职院校的管理目标必须根据教育方针和战略目标、学校的教育目标及主客观条件，使管理目标既符合教育规律，又符合管理的一般原理。

1. 职业教育管理目标的制定

职业教育管理目标的制定主要从以下方面进行探讨：

（1）职业教育管理目标制定的依据。职业教育的管理工作，首要的任务是提出和制定管理目标，这是整个管理活动过程的关键。要使管理目标科学合理，主要依据有以下方面：

第一，科学理论。职业教育管理是以多种科学理论的运用为基础的。科学理论是客观事物的本质及其规律的正确反映，制定管理目标，必须以反映客观规律的有关科学理论为依据。职业教育管理是管理科学在职业教育这个具体领域的应用，在制定管理目标时还必须以管理科学理论作为指导。同时还要研究职业教育与当前经济关系的科学理论，要遵循教育学、心理学等科学理论。

第二，未来预测。目标总是指向未来的，掌握了事物发展动向，就能使目标具有预见性。因此，职业教育管理目标的制定，必须建立在对未来情况科学预测的基础上。管理人员要经常调查研究，亲自掌握和分析各种信息、情报资料，预测未来的发展趋势。预测现在已经成为一门专业学科，管理人员要研究和运用各种有效的预测方法和技术，为制定目标服务。只凭管理者的经验，只凭个人印象，不做科学预测而提出的目标，对管理实践往往不会产生显著的指导意义。

第三，实际条件。目标既要指向未来，又要立足在现实的基础上。制定目标，要坚持实事求是的思想路线，从现有的主客观实际条件出发，这是唯物主义的目标观。职业教育管理目标，不是管理者的主观愿望，只有立足于现实基础、面向未来的目标，才具有指向和推动作用，才具有可行性价值。目标不能过高或过低，以经过管理者和组织成员的努力能达到为原则。因此，在制定目标时，要做好两方面的工作：一方面要客观地总结过去的工作，哪些工作做到怎样的程度，有哪些经验，哪些工作有薄弱环节，差距多大，有怎样的教训；另一方面要认真调查研究，科学地分析高职院校人力、物力、财力等现实条件和有关制约因素，充分利用有利条件，发扬优势，扬长补短。

（2）职业教育管理目标制定的要求。制定管理目标，就是确定使用怎样的方法达到何种目的。一般而言，管理目标应符合以下要求（图1-3）：

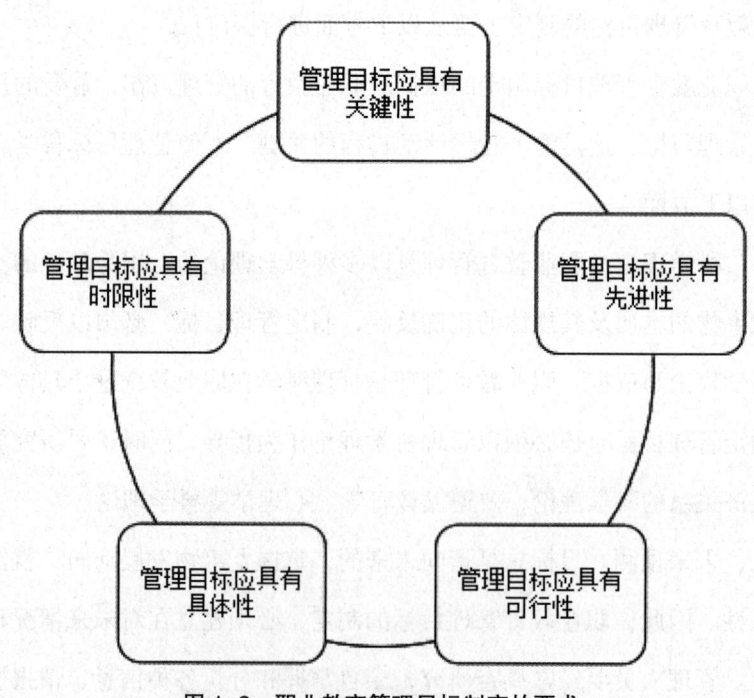

图1-3 职业教育管理目标制定的要求

第一，管理目标应具有关键性。职业教育工作千头万绪，管理者应当运用预测和决策技术，在众多复杂的工作中，抓住最重要最关键的工作，制定关键性管理目标。关键性目标应是为开拓今后的工作新成就而设置的战略性目标；应是重点任务，而不应面面俱到；应体现为教学服务，以教学为中心；应是本级决策的事情，而不是下级的事情。

第二，管理目标应具有先进性。管理目标是人们为之奋斗的方向，因此，必须具有先进性。所谓先进性，就是制定目标的起点要高一些，目标值具有吸引力和感召力，能调动人们的积极性，挖掘潜力，为实现目标而奋斗。

第三，管理目标应具有可行性。可行性，是指所定目标的达成条件是基本具备的，经过努力，目标是可以如期实现的。制定目标，必须充分考虑到本单位客观条件、群众基础情况，要充分估计可能遇到的困难和制约因素。不可能实现的目标，与其有还不如无。因为这种目标不但不能鼓舞人，而且容易挫伤人的积极性。正确科学的管理目标，应该是先进性和可行性统一的，应该是尽力而为和量力而行的有机结合，目标高度适宜，达到目标的难易适中。

第四，管理目标应具有具体性。管理目标，作为管理工作的方向，必须明确具体，不能抽象空洞，模糊不清。在含义上只能有一种理解，不能有多种解释，使执行者有明确的概念；在内容上必须具体，对人们的工作结果有明确的标准和规格要求，了解目标的本质特性和在目标体系中的具体位置。但是，管理目标不同于工作安排，管理目标应该把具体性和概括性统一起来。

第五，管理目标应具有时限性。所谓时限性，就是达到目标要有明确的时限要求，到了规定的时限，就要及时检查、评估、奖惩。实现目标的时限不能有伸缩；否则，就可能造成"因循坐误"，失去工作意义，从而降低目标的价值。

（3）职业教育管理目标制定的内容。职业教育管理目标的内容，就是高职院校的教育效益在一定时期内所要达到的标准和规格。高职院校的教育效益，包括社会效益和经济效益，它的标准和规格是通过高职院校的教育活动反映的，表现在教育消耗以及培养人才的数量和质量上。职业教育管理一方面要采用合理、经济的方法和途径，尽量减少对人力、物力、财力的浪费和消耗，提高教育投资的使用效率；另一方面要确保所培养人才的数量和质量，具体地说，管理目标的基本内容包括以下方面（图1-4）：

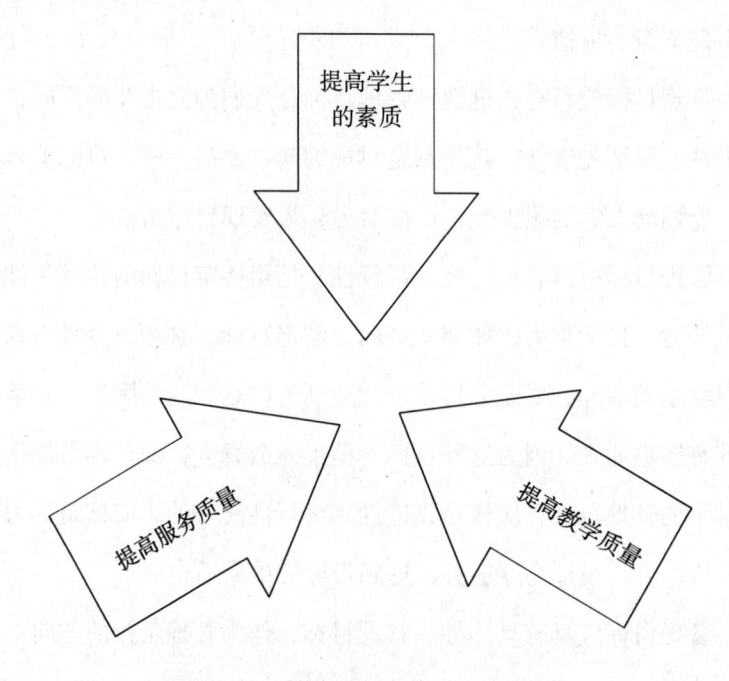

图1-4　职业教育管理目标制定的内容

第一，提高学生的素质。思想工作是高职院校完成一切工作的重要保证，是坚持办学方向的显著标志。高职院校担负着培养专门人才的重要任务，为实现培养目标，高职院校必须切实加强和改进思想教育，探索和掌握新时期思想工作的特点和规律，进行有效的科学管理，把思想工作提高到一个新水平。

第二，提高教学质量。提高教学质量是职业教育管理的核心。教学质量管理是采用科学的手段和方法，对教学过程进行全面设计、组织实施、检查分析，以保证在教学进行过程中达到预期效果。提高教学质量必须从全局着眼，从整体上处理好教学过程中的各种问题；使学生德智体全面发展，成为合格人才；紧紧围绕教学，尤其是实践教学，大力抓好科学研究工作；加强对全体教职员工的培养，提高他们的素质和业务能力，通过他们的模范工作和表率作用来教育和影响学生；注意研究和改革教学制度、招生、教学大纲、教材、教学方法、教学过程等各个环节。

第三，提高服务质量。高职院校的教学和后勤保障工作，必须坚持以教学为中心，明确树立为教学服务的思想，充分调动管理人员和保障人员的积极性，贯彻勤俭办校的原则，充分发挥现有设备、仪器、物资、财力的作用，健全服务保障制度，实施科学管理，提高保障能力。

2. 职业教育管理目标的实施

职业教育管理目标制定以后，就要运用目标进行管理，管理者必须把目标的确定与达到目标所进行的一系列管理职能活动有机结合起来。下面将探讨管理者在运用管理目标的过程中必须抓的四个环节及实现管理目标的两种方式。

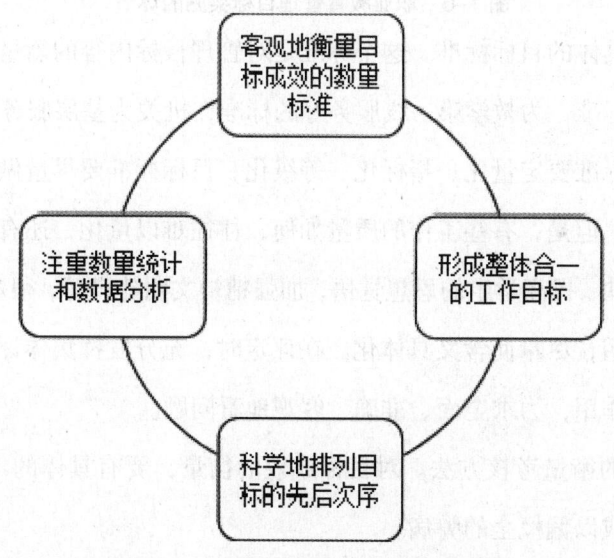

（1）职业教育管理目标实施的环节。职业教育管理目标实施的环节主要有以下方面（图 1-5）

图 1-5　职业教育管理目标实施的环节

第一，客观地衡量目标成效的数量标准。运用目标进行管理的实质，在于把确定目标与实现目标有机地结合起来。在这个过程中，对每个部门、个人的评价，一定要与他们实现目标的实际成效联系起来。因此，必须有一套科学的数量标准，这个标准至少要具备以下三方面的内容（图 1-6）：

```
        明确具体的目标标准


具体的衡量考核方法          目标标准要定量化、指标化、
                          等级化
```

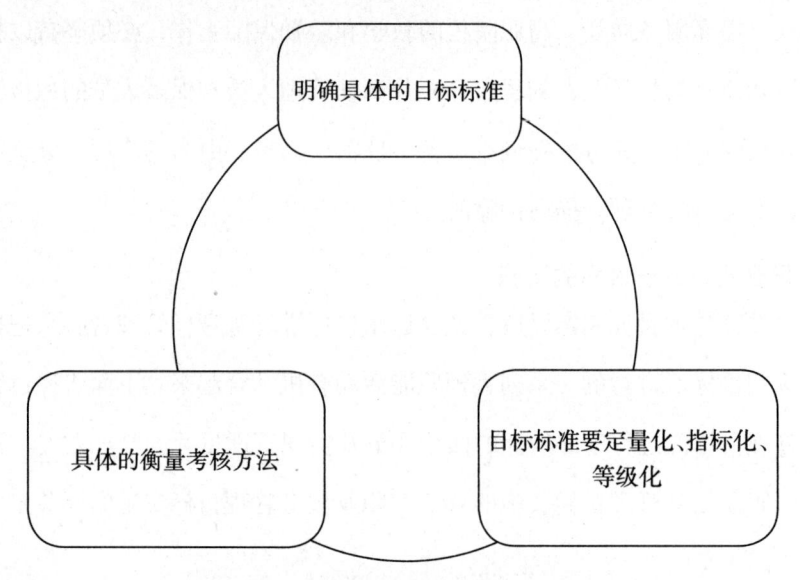

图 1-6　职业教育管理目标实施的环节

一是明确具体的目标标准。这个标准是对管理目标内容的衡量尺度。如教案书写质量高的标准，为教学第一线服务好的标准，机关为基层服务好的标准等。

二是目标标准要定量化、指标化、等级化。目标标准要尽量做到定量化、指标化、等级化。但是，有些工作的质量如何，往往难以量化，还有些目标不能用数量表示。例如，提高学生的思想觉悟，加强精神文明建设等，很难用数量衡量，这就有详细说明，尽量使含义具体化。在评定时，充分发挥集体评定、专家评定和群众评定的作用，力求全面、准确、客观地看问题。

三是具体的衡量考核方法。对目标成效的衡量，要有具体的考核检查方法，克服主观印象或以偏概全的弊病。

第二，形成整体合一的工作目标。实践证明，高职院校各层次、各部门的目标能否做到整体合一是提高管理成效的关键。各部门、各层次的目标与学校总体目标吻合、一致，目标成效肯定就好；各部门、各层次的目标偏离学校总体目标，目标成效就不好；各部门、各层次的目标与学校总体目标不一致，目标成效就接近于零；各部门、各层次的目标背离学校总体目标，工作将无法进行。

学校各层次、各部门要形成整体合一的目标，除了用整体思想来教育全体人

员外，管理者要加强两方面的工作：一是在决策总体目标时，要尽量吸收有关部门的成员参与。让人参与会提高人的热情，这样制定的整体目标更容易得到共同认可，更有群众基础，而且能有效地确定各层次、各部门的责任，以此作为推动工作，衡量评价成绩、贡献大小的尺度。二是在制定目标时，要明确三项内容：①应该做什么，达到怎样的要求。②应该在哪些范围、何时进行。③应该怎样衡量、评价目标的成效，这样制定的目标，就能做到整体合一，上下协调，要求明确，责任清楚，全体形成合力，取得良好管理成效。

第三，科学地排列目标的先后次序。管理者在制定目标时，不仅要致力于使各部门的目标与总体目标相一致，而且要在多项目标中选择并规定出主目标和次目标，排列出实施目标的先后次序。一所高职院校有许多部门，每个部门里又有多个层次和多种多样的工作，每项工作都有着不同的目标。在这众多的目标中，有些目标在一定时期内实现，相对而言要比实现其他目标更为重要，管理者应进行通盘分析，分清轻重缓急，统筹兼顾、全面安排，找出主、次目标，确定实施次序、步骤、途径和手段。确定管理工作的主目标、次目标及其先后次序，是一种判断性决策。管理者只有在认清总的形势和自己面临的任务，分析透各项目标的地位、价值及其相互间的关系的前提下，才能做出科学正确的选择。

第四，注重数量统计和数据分析。运用目标进行管理的过程中，必须真实地、适时地做好数据统计和数据分析。因为通过数据的定量分析，可以客观地指出工作质量上的差异规律，找出问题和原因，这项工作的基本要求有四点：

一是充分利用统计数字。统计数字是统计分析的基础，在整个分析过程中要自始至终利用统计数字说话。

二是采用科学的分析方法。数量统计分析的目的，是发现问题、揭露矛盾、分析原因、研究规律，这就有一个怎样科学地利用统计数字进行分析的方法问题。用统计数字分析研究的方法很多。例如，对比分析法、分组分析法、联系分析法、结构分析法、动态分析法等。管理者可根据问题的不同性质采用适合的分析方法。

三是统计分析要与具体情况相结合。统计分析的目的在于解决实际问题。进行数据分析，除了必须搜集掌握必要的统计数字之外，还须搜集掌握必要的业务活动情况。做到把数字分析与具体情况紧密结合起来，才能真正揭示事物的本质和特征。

四是注意可比性。可比性是指用来对比的两个统计指标，是否符合所研究任务的要求，对比得是否合理，对比的结果能否说明问题。首先，对比同名指标的口径范围、计算方法、计量单位必须一致；其次，对比指标的性质必须一致；最后，对比指标的类型必须一致。当然，有些情况下，两个指标虽然不可比，但经过调整和处理后，仍然有可比的意义。

（2）职业教育管理目标实施的方式。职业教育管理目标的制定，仅仅是管理活动的开始。有了正确的目标，还要努力实现；否则，再好的管理目标，也没有实际意义。实现管理目标的基本方式有两种：一是计划管理；二是目标管理。可根据本单位的具体情况，采用其中的一种方式，或兼用两种方式（图1-7）。

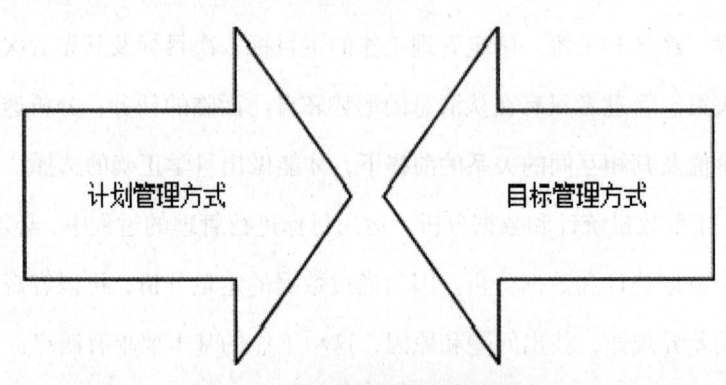

图1-7 实现管理目标的基本方式

第一，计划管理方式。计划管理是指管理者以制订计划和实现计划为手段达到管理目的的一种管理方式。计划管理的做法大体上分为以下四步：第一，制订计划。制订计划要考虑到三个方面的问题：一是计划的各项指标要能反映和体现总目标的要求；二是要预测在实现计划指标的过程中可能出现哪些因素的影响，其中包括内部因素和外部因素、有利因素和不利因素；三是根据现有条件和未来发展，提出达到目标的具体措施和步骤。第二，实施计划。通过组织、指导、协调和教育激励等活动落实计划。第三，检查。检查既是掌握计划落实情况，又是对计划正确性的检验，以便及时发现问题，解决问题。第四，总结。总结是对这个计划管理过程进行评估，找出经验教训，制定改进措施，反馈于下一个计划管理过程。计划管理适用于外部干扰较小，内部抗干扰能力较强，工作程序比较稳定的工作系统。如高职院校的教学工作管理、思想教育工作管理等，多采用计划管理。计划管理可分为两种，一种是开环计划管理，另一种是闭环计划管理（图1-8）。

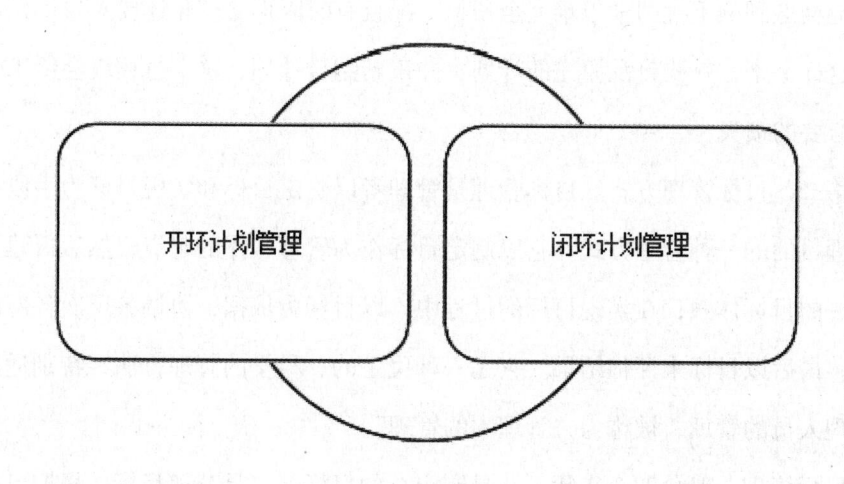

图 1-8 计划管理方式

一是开环计划管理。开环计划管理的前提是：外部环境和本工作系统未来发展趋势具有完全的确定性。它适用于以下两种情况：第一，认为工作过程中各种干扰影响并不存在；第二，即使干扰存在，本工作系统也可以完全不受干扰的影响，这种管理的有效性取决于前提与实际情况的吻合程度。像高职院校的课程进度、教学保障、作息时间等，一般都是硬性的、具有法定作用的开环计划管理。

二是闭环计划管理。闭环计划管理的前提是：外部环境与本工作系统发展趋势有一大部分是确定的，但也不排除存在一些未知因素，会使本系统偏离计划的轨线。因此，采用反馈，以计划为依据来检查监督各子系统，发现与计划不吻合的地方，及时采取措施进行调整。像高职院校的年度教学工作计划、物资采购计划等，均属闭环计划。

计划管理虽然具有不可否定的优越性，但也存在着一定的局限性。一是计划管理的灵活性较差。计划一旦发布实施，不能轻易改变。二是执行者的自主权较小。计划对工作的内容、程序、标准，规定得很具体，一般情况下执行者是不得随意变更的，这就在一定程度上限制了执行者的主动性和积极性。例如，高职院校工作中，有一些较具体较直接的工作，以及干扰较大、工作程序不太稳定的管理活动，像大的教学改革、较复杂的科研工作、教师队伍的调配等，由于对未来可能会遇到的干扰因素很难完全预料，况且有时因形势变化还要对目标做出改变，这样一来，就要打乱原先的计划，并重新制订计划，这个过程就会给工作带来不必要的损失。

第二，目标管理方式。目标管理是管理者以确定目标和实现目标为手段，达到管理目的的一种管理方式。它以制定目标作为管理工作的起点；然后再建立整体合一的目标体系；在实现目标的过程中，以目标为依据，协调各层次各部门的关系；最后以目标来评估结果。它是一种民主的、科学的管理方法，特别适用于对管理人员的管理，被称为"管理中的管理"。

目标管理一般分四个步骤：一是制定总的目标。二是分解目标。根据已确定的高职院校总目标，层层分解，落实到各个部门和每个成员，形成目标体系。三是实现目标。放手让各个组织和成员发挥自己的才智，主动达到目标。上级虽检查指导下级的工作，但不干涉下级的具体活动。四是结果评估。对达到的结果进行分析、评议。

目标管理强调工作的目的性，管理的自我性，个人的创造性。它的最大特征是上级管"干什么"，下级管"怎么干"。在实现目标过程中，上级不干涉下级的具体措施和方法，放手让下级处理工作中出现的问题，进行自我控制。它可以最大限度地调动人们的积极性和创造性，为实现目标各显其能，各尽其责。

目标管理适用于环境干扰较大，工作程序稳定性较差的工作系统。如高职院校的教学改革、科学研究、教员队伍培养等工作都可采用目标管理。

目标管理也有一定的局限性，主要表现在：一是目标的实现受个人素质水平的影响比较大；二是当局部与全局发生矛盾时，容易出现偏重局部目标实现的现象；三是容易追求数量化的标准，忽视目标质量的要求。

目标管理和计划管理各有利弊，各有自己的适用条件。管理者在选择管理方式时，一定要考虑到本单位的实际情况，注重针对性、有效性，实事求是地进行选择。

（二）职业教育管理内容

职业教育是一个大系统，工作复杂具体，机构门类齐全，其管理的内容也极为复杂，包括以下方面：

第一，教育思想。端正教职工的思想方向是教育思想管理的重要职责。目前，应当对全面提高教学质量，全面贯彻教育方针，管理、服务和教书育人思想进行树立。此外，还要对现代化建设思想进行树立。

第二，教育要素。教育这一事物的内部构成并不是单一要素，其中包括教材、学生、教师和教学设备等诸多要素。个体的优化是所有过程和事物整体优化的前提。所以教育要素管理必须要对各个要素，即教材、学生、教师和教学设备的质量进行提升。往往构成要素质量的高低能够决定教育工作的成败，可以看出，这项管理活动十分重要。此外，还要整体优化教育的各个要素。因为整体的优化需要人为的干预达成。

第三，教育事务。职业教育事务管理的范畴比较常规，在现代化、标准化和规范化方面有要求。教务处工作的强化是做好这项管理工作的基础。教务处能够对整个教学工作和行政工作进行评价、视导、调度、研究、参谋、指导、服务，是一个职能部门，所以，对教学行政管理工作而言，教务处工作的加强有重要的意义。

第四，教育设备。教育设备包括电子计算机房、图书馆和实验室等，这些现代和传统教育设施的整合体，提升了教学效果。每一个设施都能够进行独立教育教学。实验室能够为学生提供实验研究的场所，让学生结合学用，动手动脑；图书馆作为重要信息库，是学校的中心；以电子计算机为核心的教育，能够将传统教学的面貌改变；语言教室属于第一代文科实验室，这些设施的整合体便是现代化教学。

现代化和标准化是教育设备管理的需求。通过建设、应用和管理这些设备，使之作为一项重要手段推动传统教学的改革。

第五，教育环境。在职业教育管理中，教育环境是一个基本因素和重要课题。职业教育活动的进行存在于一定的教育环境中。教育环境会影响教和学，并对教育活动的发展方向起引导作用，这种影响虽然有时比较隐蔽，但其重要性不可忽略。学校物质条件在现代的条件下获得了巨大改善，这得益于科学技术和社会生产力的发展，在这样的社会背景下，教育环境也因社会信息量的膨胀而变得复杂，教育管理的重要性日益显现出来。所以，现代职业教育管理必须要认真考虑如何对职业教育中教育环境的作用加以正确认识，教学得到促进，应当如何对教育环境进行创造。

第六，教育质量。职业教育管理是以职业教育质量的提高为出发点和归宿的。教育质量的提升是我们在职业教育管理中所有工作的最终目的。对教育而言，质量就是生命，进行质量管理势在必行。教育质量管理就是在实施教学管理时，以抓质量为主要手段的管理。具体而言，质量管理包括质量的检查、确定、控制、评估和分析等内容。其中，确定质量标准是一项难点。很难完全用数字来表现教育的质量，这是由其综合性和模糊性的特点所决定的。

所以，确定研究质量标准是教育质量管理实施的第一步，控制教育质量是第二步，评估教育质量是第三步。如果说管理教育质量的起点是质量标准的确立，那么使教育质量标准的实施得到保证就是质量控制的目的，质量评价是整体检验教育工作成果和过程质量的工具，能够对质量控制成效进行衡量。三者都能够对教育质量的提升进行直接促进。

（三）职业教育管理原则

对于职业教育的管理原则，我们要正确认识和看待，同时还要自觉遵守，只有这样才能使我们的管理能力得到提高、管理效果得到提升，使职业教育可以更好地发展，从而在建设过程中更好地发挥作用，具体如下：

1. 可变性原则

在职业教育的管理中，要用发展和辩证的眼光来看待和处理事物，这就是我们所说的可变性原则。通常，我们可以把管理工作分成两种：常规管理、动态管理。不管是进行哪种管理工作，我们都需要针对事物的过去、现在和未来进行详细分析，及时有效地对其进行控制和协调，使管理效应得到加强。

对可变性原则进行贯彻，就要对事物纵横两方面的联系都给予高度重视，对事物的状态和时间之间的关系进行深入揭示。对高职院校而言，其中心应当聚焦于教学，因此在教学计划的制订方面必须要有一定的指令性。在制订教学计划时，我们需要研究的问题主要有两个：第一，计划中包含各个部分之间的关系、目前的发展情况以及未来可能发生的变化。例如，培养目标、教学实施的管理控制、教学的运行调度、教学质量管理的规定等，它们过去的情况、当下的发展变化情况，以及互相之间的关系和关联因素，这些内容我们都要进行掌握。第二，对和教学计划之间具有一定关联的各种因素的情况进行了解，对可能对计划的正常进行产生影响的各种情况进行可变性预测，并制定出相关的应对方案和措施。只有这样，教学计划才能符合实际需求，同时又具有一定的应变性和弹性调整空间，在具体实施方面也会更加顺畅，大家自然也能够欣然接受。

对可变性原则进行贯彻实施，一定要以事物的发展规律为依据，循序渐进，不能一步上几个台阶。凡事都不能太过心急，很多环节是不能够省略的，当然，我们也不能一直停留在某一个阶段而毫无进步。

2. 科学性原则

"科学性原则反映的是事物的客观规律，对科学性原则的遵循即是将主观与客观统一起来，遵循实践活动自身的特性和规律，这既是科学性原则的特征，也是它对实践活动的规约"[1]。在对职业教育进行管理时，我们一定要坚持一切从实际出发、实事求是。在办事时，要以职业教育的相关规律以及管理规律为依据，确保各项工作的进行都符合其发展规律，使管理达到最佳水平，这就是我们所说的科学性原则。要对科学性原则进行贯彻，主要从以下方面着手：

（1）对管理人员而言，科学素质是必须具备的。管理人员对于管理工作一定要有清醒的认识，管理实际上是一门科学，要想真正将管理工作做好，必须要具备一定的科学素质。对管理人员而言，下面这些科学知识都是必须要具备的：①对于教育科学相关理论要进行学习和掌握，对于职业教育的规律以及学校管理工作的相关规律要进行充分了解，只有这样才能使我们的自觉性得到提升，在进行管理时能够依照规律来办事，而不是盲目工作，进而对工作效率进行进一步提升；②对于与职业教育有关的管理科学理论要进行学习，要掌握科学管理的手段和方法，当下这个时代，科学技术的发展十分迅猛，进行管理的手段和方法也变得更加现代、科学，对这些手段和方法进行学习并熟练掌握，可以帮助我们更好地进行管理。

（2）在管理制度方面，要建立起严格的、科学的制度。①对于科学的管理系统要进行建立健全，如坚强有力的思想工作管理系统、科学高效的教学管理系统等，要把这些系统结合起来进行工作，对管理工作的效率进行提升。②应建立健全科学的工作秩序，以提高工作效率，如让组织结构更合理、工作秩序更规范、职责分工更清晰、质量要求标准更高、常规事务处理制度性增强、信息反馈更灵敏等，这些方法都可以确保各项工作能够顺利高效地完成，进而使整体效率得到提升。

---

[1] 左蕾，朱强．科学性原则及其对成人教育管理的实践规约[J]．继续教育研究，2013（5）：2．

（3）对教职工责任制度进行建立健全，即对相关教职员工的职责范围进行规范划定，专人专项，做到每件事都能对应到人，每个人都明确自己的职责，充分发挥个人的聪明才智，以取得更加优异的成绩。要想教职工责任制度能够顺利实行，我们需要做到以下四个方面：①职责分明；②合理分工；③公平奖惩；④公正考评。

3. 教育性原则

教育性原则，是指职业教育管理工作不仅要通过管理完成一般的工作任务，而且要十分注意高职院校各项工作对学生的教育作用。高职院校是培养人、教育人的场所，青年学生可塑性大、模仿性强，学校里的各种因素，如全体人员、全部工作及环境、校园风貌等，无时无刻不在影响着学生。所以高职院校的全体人员和全部工作都应当始终注意贯彻教育性原则。

（1）高职院校的全体教职工从院长到教职员工都应十分注意自己思想行为的示范性。学校的领导干部和教职工都应当有高尚的道德品质和崇高的精神境界，应当作风正派、待人诚恳、举止端庄、文明大方、衣冠整洁、谈吐文明、学风严谨、教书育人。总而言之，应当在各个方面都堪称学生的表率。

（2）要求各项工作典范化。高职院校全体人员都应十分注意各项工作对学生的示范作用。各项工作都应严肃认真，一丝不苟；各种文件都应严谨准确；执行各种制度必须十分严格，不徇私情；理财用物，注意勤俭节约，不铺张浪费。总而言之，各项工作都应力求影响学生，使之形成高尚的道德情操、严谨的学风和艰苦朴素的作风。

（3）要求学校设施规范化。一所学校如果校舍整洁，环境优美，可以使人心旷神怡，精神愉快，对于优化教育教学环境，净化学生心灵，陶冶师生员工的思想情操，振奋精神，丰富生活情趣，都有重要的意义。优美舒适的环境，有助于学生养成讲究卫生、爱护公物、遵守纪律等文明习惯。

4. 高效性原则

贯彻执行高效性原则，对管理人员提出了很高的要求。首先，管理人员需要对正确的办学目标和办学方向进行明确和坚持，只有在保持目标和方向正确的基础上，才能提升工作效率。而在此基础上，管理人员还需要科学合理地进行每一项决策，在对应的实施过程中要恰当地进行指挥。

要想对高效性原则进行贯彻落实，管理人员需要对职业教育的管理资源进行合理恰当的利用。在进行智力开发以及对人才进行培养时，职业教育需要借助一些资源，这些资源既包括有形的资源，如人力资源、物力资源、财力资源等，也包括一些动态的资源，如对管理办法进行改革创新、对工作组织架构进行调整完善、对时间和信息资源进行高效利用，等等。动态资源是潜在的资源，是无形的，我们要把有形资源和动态资源有机结合到一起，合理进行利用，只有这样才能使职业教育在办学效益方面得到更大的提升和发展。

（四）职业教育管理规律

职业教育管理工作是有规律可循的，只有遵循规律，按规律办事，才能提高管理水平，提高育人质量。为此，管理者就需要认真学习、研究管理规律。对职业教育管理的规律而言，我们参考有关的高等教育管理理论，联系职业教育实际，总结出以下规律（图1-9）：

图 1-9 职业教育管理规律

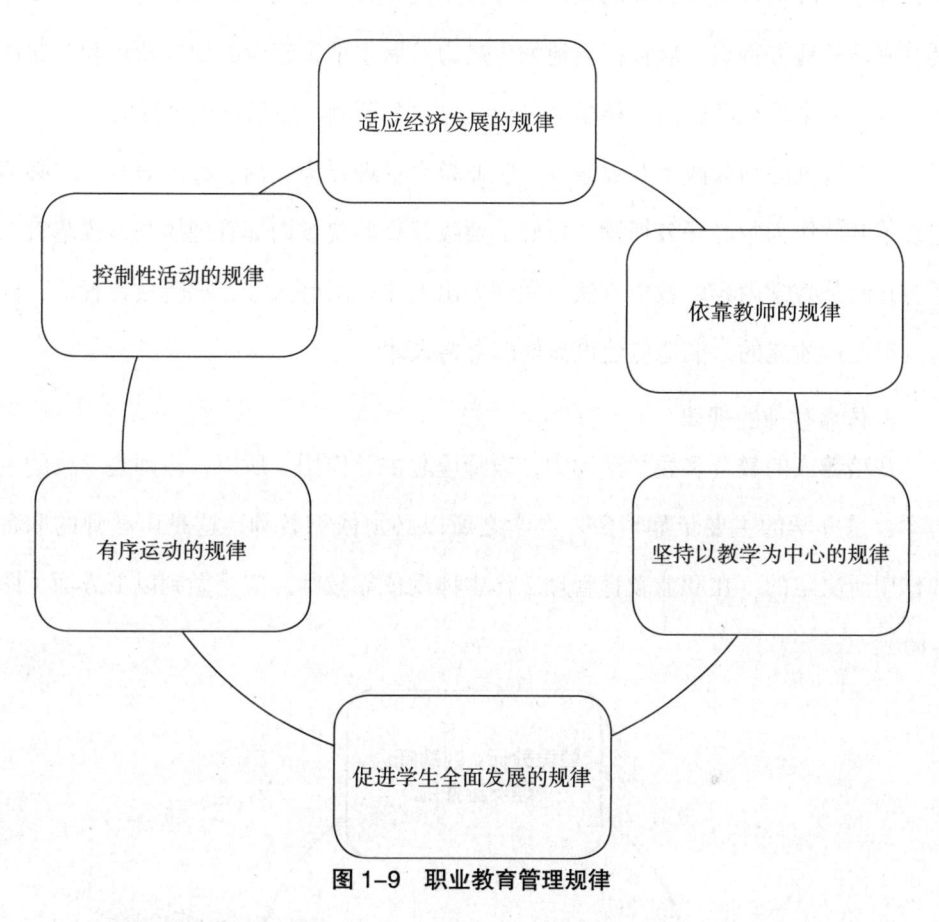

1. 适应经济发展的规律

职业教育是培养技术应用型人才的教育，它更应该适应社会政治、经济的发展。职业教育管理是从管理的角度研究职业教育现象的，所以职业教育管理工作必须与社会的进步、经济的发展相适应。职业教育管理工作与社会经济相适应体现在以下方面：

（1）职业教育发展的规模和速度必须与社会的发展、经济的增长相适应。发展职业教育需要一定的人力、物力、财力。办多少学校，设多少专业，招收多少学生，学习多长时间，必须与当地生产力发展水平所能提供的物质条件相适应。

（2）职业教育培养人才的规格和数量必须与经济的增长相适应。高职院校是培养人才的阵地，培养怎样的人，培养多少人，必然受到经济的制约。职业教育具有明显的地方特点，应根据当地的生产力发展水平，建设的地方特色和客观情况，以及未来发展的趋向，科学地进行人才需要预测，然后做出合理安排。

（3）管理必须为改革开放服务。职业教育管理要为政治、经济服务，就必须把改革开放作为中心任务抓紧、抓好。要改革高职院校内部管理体制，改革教育思想，改革教学内容、教学方法，做到多出人才，出好人才，把受教育者培养成为具有创造才能的、能适应建设需要的合格人才。

2. 依靠教师的规律

在培养人的教育和教学活动中，教师应起主导作用。所以，教师是学校的主力军，是办学的主要依靠对象。办学之所以必须依靠教师，这是由教师的职责和作用所决定的。在职业教育管理工作中体现依靠教师，应当做到以下方面（图1-10）：

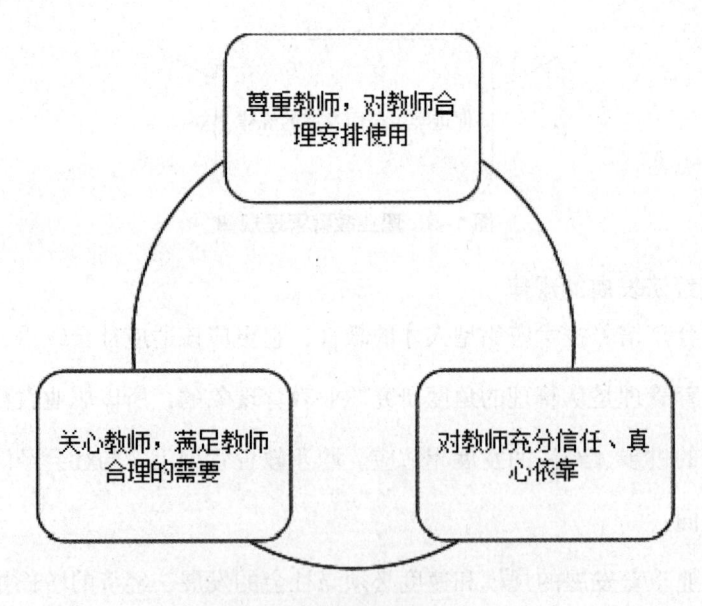

图 1-10　依靠教师的规律

（1）尊重教师，对教师合理安排使用。在学校里，尊重知识、尊重人才，应当充分尊重教师，合理安排使用教师，做到量才使用，用其所长。高职院校的各科教师，经过多年培养与教育，蕴藏着极高的热情和工作积极性，如果学校领导充分尊重他们，知人善任，合理安排他们的工作，就能最大限度地调动他们的积极性。

（2）对教师充分信任、真心依靠。①高职院校管理者应从行动上把教师作为学校的主力军，工作上依靠他们。凡属学校教育、教学工作中的重大事情，都应虚心听取教师意见，然后再做决定。对教师提出的好意见和建议，领导采纳后，应给予适当的表彰。②管理者应以平等的态度与教师交心、谈心。只有充分信任教师，真正依靠教师办学，才能使教师更好地把他们的知识和才华贡献给教育事业。

（3）关心教师，满足教师合理的需要。管理者应认真了解研究教师的需要，在政策允许的情况下，应当主动、积极地满足教师的合理需要，更好地调动教师的积极性。①满足工作上的需要，要根据教师特长，合理安排工作，提供必要的工作条件，允许教师工作上有一定的自主权。②满足生活上的需要，如住房，夫妻两地分居，小孩入托、入学等，这些解决不好，也容易影响他们的积极性。③满足业务进修提高的需要，教师上进心强，愿意业务上得到不断的提高，这对教师个人和学校工作都是非常有益的。管理者应根据教师的不同情况和学校工作实际，努力创造条件，满足他们的合理需要。④满足文化生活上的需要。教师的劳动是艰苦的脑力劳动，他们整天忙于备课、上课、批改作业、指导实习、找学生个别谈话，等等。不能把教师的生活搞得那么单调乏味，应建立教师俱乐部，开展丰富多彩的文化体育活动，使他们的生活得到调剂，精神饱满，朝气蓬勃地投入到艰苦的育人活动中去。对教师政治上和组织上的进步要求，学校党组织需要积极引导，多加关心。

3. 坚持以教学为中心的规律

我国高职教育规模每年都在蓬勃发展，这样的趋势，对实现我国高等教育大众化起到了积极的作用。对高职院校而言，职业教育的生命线是特色加质量。高职院校的工作中心是教学工作，要以转变教育观念为先导，要树立正确的人生观、质量观和教学观，培养生产、建设、管理、服务第一线工作的技术应用型人才。

职业教育管理工作坚持以教学为中心的规律，应该做到以下方面：

（1）高职院校主要管理人员，以主要精力和大部分时间抓教学工作，建立与维护学校正常的教学秩序，深入教学第一线，了解教学实际，参加教学活动，指导教学工作。

（2）在人员的配备和选拔上，首先满足教学人员的需要，应选择配备合格的教师。

（3）在物质条件上，支持教学，保证教学工作的需要。

（4）要求教师严格执行教学计划、教学大纲，认真钻研教科书，努力搞好教学工作。主管教学的领导和处长要认真进行教学评估和检查，不断提高教学质量。

（5）教育和组织学校各部门、各方面的人员，树立以教学为中心的思想，强化以教学为中心的观念，自觉、主动地为教学服务，使全校各项工作紧密围绕教学这个中心来开展。

4. 促进学生全面发展的规律

培养学生全面发展，是国家对教育工作的基本要求，也可作为职业教育管理的基本规律之一。高职院校学生的全面发展包括德、智、体的发展和综合职业能力的提高。在职业教育管理工作中可以采取以下措施促进学生全面发展：

（1）管理者必须牢固树立德育、智育、体育全面发展的观点，正确处理"三育"的辩证关系。"三育"之间是相互联系、相互渗透、相互促进、相互制约的辩证关系。概括而言，德育是方向。德育的任务是培养学生具有坚定正确的方向，全心全意地为建设服务。智育是中心，是关键。因为无论是德育还是体育，没有文化科学知识做基础是不可能顺利进行的。还应看到，社会和经济越是向前发展，对劳动者的素质要求也就越高。劳动者的素质越高，社会生产力水平也越高。所以，高职院校的管理者，必须坚持德、智、体全面发展，关心学生健康，重视学生体育锻炼，养成学生良好的卫生习惯，保持和发展学生健康的体魄。

（2）管理者应教育全校教职工树立全面育人的观点，在统一认识基础上，协调一致，分工合作，促进学生德、智、体全面发展。学校对受教育者而言，是一个整体，其任务就是培养全面发展的人才。所以，学校的各个部门、各项工作，都必须立足于全面培养学生，保证培养出适应社会需要的合格人才。

（3）管理者应教育全校教职工培养学生的综合职业能力。职业教育要培养具有综合职业能力和全面素质的，直接从事生产、服务、技术和管理第一线的应用型、技术型人才。因此，职业教育的管理者要着眼于未来，教育全校教职工千方百计地培养志向高远、素质良好、基础扎实、技能熟练、特长明显、个性优化的学生，并使他们具有：远大的职业理想、深厚的职业情感、高尚的职业道德、扎实的职业知识、熟练的职业技能、较强的职业能力、自觉的职业纪律、良好的职业习惯，以及忠于职守的敬业意识、开拓进取的创业精神。

5. 有序运动的规律

职业教育的各项管理工作的具体任务、目标、进程等都不相同，它们的管理过程的具体内容也有差别。例如，教学管理过程，要对教学工作进行计划、组织等，而思想工作的管理过程，要对思想工作进行计划、组织等。但是，各项工作的管理过程，除了其具体内容的差别外，都有其共同的特点，都有计划、实施、检查、评价、总结五个基本环节，都是按计划—实施—检查—评价—总结的先后顺序连续运动的。实践表明，有了计划就必须实施，有实施就要进行检查，检查了就要进行评价，最后要有总结。这种先后顺序，不是人们主观随意的安排，而是管理工作客观规律的反映，是一种前后相关联的基本环节的有机组合。它要求人们在进行管理活动时，一定要按照上述五个环节的顺序实施工作，不能破坏或颠倒。换言之，职业教育的管理过程，是一个由前后顺序、相互关联的五个基本环节构成的有程序的运动过程。

职业教育管理的每一个过程，都是由计划开始，经过实施、检查、评价，到总结为止的一个管理活动周期。管理工作也按五个环节的顺序周而复始地不断循环。但是，这种循环并不是机械地重复，不是维持在原有水平上的转动。因为每一循环都是在前一循环的基础上进行的，每一循环不仅在时间和空间上有秩序，而且在质量上不断由低级结构向较高级结构转变，提高了起点，向前有新的推进。

管理过程的每一次循环，就使管理工作提高到一个新的高度，这就是滚动式发展，也是有序运动的规律。职业教育管理工作就是在这个循环运转中，围绕教育年复一年，期复一期，延续不断，目标，周而复始，不断提高，不断前进的。

6.控制性活动的规律

职业教育管理过程是一种有目的、有程序的运动过程。它的目的，就是实现管理目标和教育目标；它的基本程序，就是按照计划—实施—检查—评价—总结先后顺序进行的。这种有目的、有程序的运动过程，表现出职业教育系统的状态要求和一定的行进轨道。但是，在实际管理活动当中，由于受周围环境和校内外主观和客观因素的影响，一成不变的，按照既有模式进行运动，直达目标的情况是不多的，往往会遇到一些可变因素的影响，而不断出现偏离目标的情况，或者出现没有预料到的问题和困难、矛盾和冲突。

因此，在管理过程中，管理者必须不断地进行有效的控制，随时调整本系统的活动，及时纠正出现的偏差，保持在职业教育系统所要求的状态下，把管理活动引导到朝目标运动的正确轨道上来。由此可见，这种控制性活动贯穿于职业教育系统的全部活动之中。另外，职业教育管理过程实质上是一种不断的控制过程，是使各项工作和各项活动按一定程序进行所采取的有效控制活动。在管理过程中，要不断地进行有效的控制，就必须及时、准确、不断地获取每一个环节对前一个环节反馈的信息，发现偏离目标的现象，迅速采取措施，及时纠正，以促进和推动管理活动按管理的基本程序向前发展。

（五）职业教育管理方法

职业教育管理方法是指用特定的手段和措施来实现职业教育管理的目标。管理方法的正确运用直接影响管理效果的好坏。要实现现代化、科学化的职业教育管理，必须解决好管理方法的问题。即使在设定了正确的管理目标、建立了完善的管理流程和采用了现代化管理手段的情况下，如果没有正确运用管理方法，也很难做好管理工作。

1. 调查研究法

调查研究法是职业教育管理者的一种基本功,是其必须具备的一种管理能力。常用的调查研究方法主要有以下方面:

(1)直接观察法:调查人员深入现场,亲自观察、测量、计数以取得资料的方法。这样取得的资料,具有较高的真实性和准确性。但是这种方法需要人力、物力、时间较多,而且有些资料是用直接观察法无法取得的。

(2)报告法:利用现行的统计报表获取需要的数据资料,同时也可利用被调查单位的原始记录等资料。

(3)个别访问法:调查人员向被调查者逐一询问、记述以取得资料的方法。它的优点是由于调查人员对调查项目有统一理解,能按统一的口径询问和取得资料。但这种方法需要花费较多的人力和时间。

(4)开会调查法:为了研究某种问题,由调查人员有计划地邀请一些熟悉调查问题的人进行座谈讨论,以搜集所需要的资料。由于这种方法可以开展讨论,因而有可能把问题了解得更深一些,同时还可能找到解决问题的办法。这种方法,要求调查人员具有较高的水平,会前要做好充分准备。

(5)填表调查法:这种调查方法是调查人员将调查表送交被调查人,说明填表的要求和方法,由被调查者根据实际情况,按照表中栏目自己填写,然后由调查人员统一审核处理,这种方法可以节省人力和时间。但是,这种方法要求被调查者具有较高的文化素养和积极配合的态度,否则难以保证调查资料的准确性。

(6)通信调查法:这种方法也是一种填表调查,其不同之处是这种方法的调查对象可能分散在各个地方,调查者和被调查者采取通信方式进行联系。这种调查方式能不受地区的限制,更为广泛地收集资料。

2. 经济管理法

经济管理法是指根据经济规律通过工资、福利、奖金、奖品等经济手段进行管理的方法,具体如下:

(1)经济管理法必须与思想教育法相结合,同精神鼓励相结合。运用经济管理法的同时要注意讲奉献，讲敬业精神；物质鼓励和精神鼓励相结合，要以精神鼓励为主，这样才能提高高尚的精神境界。

（2）经济管理法必须与行政管理法相结合。

（3）运用经济手段必须掌握"度"，发钱和物品不是越多越好，而是要适度。其目的是为激发大家的竞争意识和工作的主动性、积极性。

3. 教育激励法

教育激励法是教育方法和激励方法的有机结合，是调动高职院校全体人员为实现管理目标而努力工作的自觉性和积极性的重要手段。运用教育激励法应做到以下方面：

（1）具备求实精神。社会存在决定社会意识。运用教育激励法，教育是前提，不进行教育，不解决思想认识问题，激励就失去方向，不能起到应有作用；运用教育激励法，研究了解人们的需要和现实生活中的矛盾是基础，如果不把解决实际困难和矛盾放在重要位置，教育就成了空洞的说教，收不到预期效果。

（2）在教育激励法中，运用了心理学、社会学和行为科学的理论，以科学的方式来应用这种方法。在运用这种方法时，需要注意两个方面，即"质"和"量"。

首先，所谓的"质"指的是要掌握准确和公正的原则。需要充分了解问题，抓住问题的本质，采用针对性的方法。只有这样，教育才能具有准确性，也能够公正地对待每个人，从而取得说服力。

其次，所谓的"量"指的是在激励过程中要把握适当的刺激量。刺激量过大或过小都不利于调动和保持积极性。需要根据不同的情况和个体的需求，合理地施加适当的激励，使其能够产生积极的反应和行为。

（3）讲究艺术性。要实现高效的教育，需要掌握时间、选择适合的环境、多样化教育形式，并将教育和激励紧密结合在一起，避免过长的教育活动，同时确保思考的充足时间。选择适合的教育环境，使教育和激励相互衔接，避免二者脱节。多样化教育形式，结合有形和无形的工作，提供更丰富的学习体验。教育和激励要紧密结合，通过激励提升教育效果，避免二者分离。

4. 学术研究法

学术研究法是指在职业教育管理中通过运用科学研究，开展学术活动来管理的方法。该方法的优点：可以促进高职院校形成浓厚的学术空气；增加学校科学研究的凝聚力；提高教师的科研能力，以科研促教学，改进教育、教学方法，提高教育质量。运用学术研究法应做到以下方面：

（1）高职院校的管理者重视学术活动，带头进行科学研究，在师生中起示范作用。

（2）在教师和技术人员中广泛宣传，讲明开展科学研究的重要性和必要性，引导大家明确目的意义，积极自觉地参加科学研究。

（3）组织科研骨干队伍，老教师对年轻教师进行传、帮、带，骨干教师要带领一般教师和技术人员，建设一支老、中、青结合的科研队伍，以提高科研水平，为学校增加经济效益和社会效益，提高学校的知名度。

（4）有计划地定期组织各类学术活动，开展科研成果交流活动，对科研工作成绩突出者和优秀者要给予物质和精神奖励，提高大家开展科研活动的积极性。

（5）加强领导和指导。首先，应抓好科研过程的管理，一个比较完整的科研过程一般包括：选题、调查、制订计划、搜集资料、整理资料、分析研究、检查结果、撰写报告或论文、成果鉴定等方面的工作。管理者要认真做好每一方面的管理工作，以保证科学研究任务的完成。其次，要求科研人员认真学习有关科研理论，熟练掌握有关科研方法，比如调查法、实验法、总结法、个案法等，以提高科研人员的科研能力。再次，科学合理的预算经费开支。然后，科研负责人要明确各自的职责，科研人员要有明确分工，每个人应透彻了解自己的工作任务，尽职、尽责地做好自己分管的工作，同时还要搞好协作。最后，高职院校分管科研工作的领导应自始至终加强宏观指导，善于协调各方和各类人员的工作。

三、职业教育的"立交桥"体系

为了构建职业教育的"立交桥"体系，需要注重健全技能型人才培养体系。

这包括整合中等职业教育与高等职业教育资源，实现它们之间的有效衔接。同时也需要积极探索多样化的中高职衔接办学模式，以促进教育内容和目标的衔接。此外，推进本科及以上层次的高等职业教育发展。这意味着不仅要加强中、高等职业学校的职业培训，还要开展多层次、多形式的职业培训，以满足不同层次和不同学生的需求。与此同时，促进普通教育与职业教育之间的沟通和交流。这可以通过支持职业院校与普通学校开放课程和教学资源来实现，从而形成横向和纵向的衔接。

当前的教育体系中存在着普通教育和职业教育两个相对独立的部分，它们之间缺乏有效的沟通和衔接。为了促进职业教育的健康发展，需要构建一个完整、相对独立又可以相互沟通的教育体系。

首先，采取一系列措施来拓宽职校生的升学渠道。其中之一是将中专学校改制为高职学校，以培养高级技能型和中级技能型人才。同时，可以试办本科层次的职业教育，以形成更加完整的职业教育体系。

其次，在实施中职与高职的衔接上，可以实行专业对口报考，确保高中阶段的课程与高校的入学要求一致。这样做可以为职校生提供更多直接升学的机会，使他们能够更好地接受更高层次的职业教育。此外，实施普职沟通也是一个重要的举措。通过普职沟通，使职校生具备参加普通大学入学考试的资格。可以设立考试或者综合高中来提高学生的文化基础知识水平，并为成绩优异者提供免试直升的机会。这样可以大大增加职校生进入普通大学的机会，使他们能够获得更广阔的发展空间。

最后，在不同类型教育之间进行过渡课程的补习也是非常重要的。这种过渡课程可以在入学前进行，也可以在入学后进行。通过这种方式，可以填补生源现状与入学标准之间的差距，帮助学生更好地适应新的教育环境，提高他们的学习效果。

总结起来，构建普通教育与职业教育两个相对独立、完整并相互沟通的教育体系，拓宽职校生的升学渠道，实施中职与高职的衔接，实行普职沟通，以及提供过渡课程的补习，都是促进职业教育健康发展的重要举措。通过这些措施，可以更好地推动教育的多元化发展，为学生提供更多选择和发展的机会。

四、职业教育师资培训体系

构建高素质、稳定的职业教育教师队伍是职业教育体系的基本保证和主要任务。目前职业教育师资队伍存在的问题主要是质量不高和数量不足，尤其缺乏实践经验和教育学基本训练。为解决这一问题，应建立职业教育师资的资格标准和培训体系，优先提升师资队伍素质。在投资方向上，应重点投入职业教育师资队伍建设，鼓励多渠道培养职业教育教师，并建立职业教育师资培训中心。

为了提高职业教育教师队伍的素质，可以引入专兼教师结合的师资队伍，充分发挥专家的力量，并保持兼职教师的相对稳定性。同时，需要加强对教师的培养和教育，通过培训、更新知识、提高学历、举办讲座等方式提高教师的业务水平。

此外，还应创造竞争激励机制，量化管理教师工作，定期进行考核，并与评优、奖励结合，以调动教师积极性和创造性。这样可以激发教师的工作动力，提高其教学水平和专业素养。

综上所述，要解决职业教育师资队伍问题，需要建立完善的资格标准和培训体系，加大投入力度，鼓励多渠道培养教师，引入专兼教师结合的模式，并加强教师培养和教育，建立竞争激励机制。只有这样，才能构建高素质、稳定的职业教育教师队伍，为职业教育的发展提供坚实支撑。

五、终身职业教育体系

职业教育正朝着终身职业教育转变，这意味着它不再是一个狭窄的终结性教育体系，而是培养综合职业能力和复合型人才的教育体系。为了建构这样的终身职业教育体系，要适应经济和社会发展对多样化人才需求的加速培养，并建立灵活的教育体系。在终身学习的理念下，教育体系的发展需要着重发展职业技术培训，为人们提供知识更新和晋升的机会，以帮助他们适应社会变革。

在这个终身职业教育体系中，职业教育院校应该成为各层次劳动者的全面职业学习场所，并提供相应的学习内容，从而支持他们的职业生涯和成长过程。同时，还应该拓宽职业学校的办学渠道，放开计划、地区和年龄限制，实行灵活的招生办法，确保更多的人能够接受职业教育。为了更好地适应个体差异和需求，我们可以推行弹性学制和学分制，允许学生提前毕业或分阶段完成学业。此外，初中毕业生也可以凭借职业教育证书入学，为他们进入职业教育提供更多选择。建立就业准入和持证上岗制度也是该终身职业教育体系的重要组成部分。这将有助于职业沟通和双向流动，使得人们能够更好地在不同职业之间转换或晋升。

最后，积极发展职业技术教育，以满足人们个性化的发展需求，形成一个完整的终身教育体系。通过这些努力，我们可以打造一个更加适应现代经济和社会发展需求的职业教育体系，让每个人都能够实现自己的职业目标并适应不断变化的社会环境。

第三节 职业教育的产生与发展

职业的产生与发展对职业教育起着决定性作用，二者存在着密切的联系。为了研究职业教育的发展，需要对职业的发展历程有清晰的认识。职业不仅是职业教育的起点，也是其重要的研究对象。然而，目前对于职业的演变与职业教育关系的研究还相对较少。

厘清职业的演变过程对于职业教育理论的丰富具有重要作用。职业的产生与发展是人类社会进化的产物，其对社会和个体的发展具有深远的影响。

通过深入研究职业的产生和发展，可以更好地理解职业教育的本质和目标，为职业教育的改革和发展提供指导。这不仅有助于培养具备专业技能和素养的人才，也能够推动社会的经济繁荣和进步。因此，深入研究职业与职业教育的关系是十分重要的，也是未来职业教育领域的一个重要研究方向。

在现代社会，人们的职业选择变得多种多样，不再局限于某个特定领域或行业，人们可以选择从事工商管理、金融投资、科技研发、媒体传播、医疗保健、教育培训等各种职业。随着科技的进步和全球化的发展，人们的职业选择范围更加广泛。与此同时，随着社会的发展，职业的分工也变得更加精细化。在每个行业内部，不同的岗位和职位要求不同的技能和专业知识。比如，在科技公司里，有软件工程师、数据分析师、产品经理、设计师等不同的职位，每个职位都有其专门的技能要求和工作内容。

职业的多样化和分工的精细化，为人们提供了更多选择和机会。人们可以根据自己的兴趣、才能和目标来选择合适的职业道路，并通过不断学习和成长来提升自己的职业能力和竞争力。然而，职业多样化和分工精细化也带来了一些挑战。一方面，对个体来说，选择合适的职业变得更加困难。人们需要更加深入地了解不同职业的要求和特点，以便做出明智的决策。另一方面，随着科技的发展和职业的变革，一些传统职业可能会面临淘汰或变革的风险。因此，人们需要不断学习和更新自己的技能，以适应职业市场的变化。

总之，随着生产力的提高和社会分工的加深，职业的多样化和分工的精细化成为现代社会的一个显著特征。人们可以根据自己的兴趣和能力选择适合自己的职业道路，并通过不断学习和成长来提升自己的职业能力。同时，个体也需要持续关注职业市场的变化，不断适应和调整自己的职业规划。只有这样，才能在现代社会中实现个人职业发展和成功。

第四节　职业教育体系建设的理论研究

一、职业教育体系建设的学科理论

职业教育体系建设是一个复杂的过程，需要考虑多个内外要素和层面。现代管理科学和现代系统科学为职业教育体系建设提供了理论基础，使得其能够更加科学和系统地进行规划和管理。

项目管理理论是职业教育体系建设中的重要工具，它帮助构建职业教育体系建设的生命周期，将整个建设任务分解为可管理的子任务。通过项目管理的方法，可以确保职业教育体系建设按照预定的时间表和预算进行，并取得高质量的成果。

目标管理理论对于职业教育体系建设也具有重要的作用。它能够帮助确定职业教育体系建设的总体目标和分部分项目的具体目标。通过设定清晰的目标，可以引导职业教育体系建设的工作，并确保取得预期的效果。

工作分解结构理论是将职业教育体系建设项目的工作任务进行分解的工具。通过将项目分解为一系列可管理的任务，可以更好地组织和分配资源，并确保各项任务的顺利完成。

现代系统科学通过建立分析模型，能够帮助我们把握整体和局部的职业教育体系建设任务。它提供了一种综合分析的方法，可以更好地理解职业教育体系建设中各个要素之间的相互关系和影响。

现代职业教育体系建设目标研究是管理科学和管理实践共同关注的主题。通过深入研究职业教育体系建设的目标，我们可以更好地指导实践，并不断优化和改进职业教育体系建设的效果。

（一）现代管理科学

1. 项目管理理论

根据研究目标和项目管理的理论知识与实践经验，项目的生命周期包括四个阶段，即启动项目、组织与准备、结束项目和执行项目工作，或者是概念阶段、开发阶段、实施阶段和结束阶段。

（1）概念阶段。概念阶段是项目管理的起始阶段，主要用于目标的选择和决策。在这个阶段，团队的工作目标是定义和确定项目的整体目标和方向。为了实现这个目标，团队将进行机会研究、方案策划、可行性研究、项目评估和项目决策等一系列工作。阶段性的成果将会是一个项目章程，其中包括了项目的背景信息、目标设定，以及项目管理的具体规划和要求。

（2）开发阶段。开发阶段是项目管理中的一个重要阶段，需要进行详细的策划和计划。团队的工作目标是完成项目计划的编制，确保项目的进展和执行可以按照预期进行。在这个阶段，团队将进行范围规划、质量计划、进度安排、资源计划、费用估计等工作。通过详细的计划，团队可以确保项目的各项工作能够有条不紊地进行。

（3）实施阶段。实施阶段是项目管理过程中最为关键的阶段，它涉及的工作内容最多，时间最长，资源的耗费也最为巨大。在这个阶段，团队的工作目标是完成项目的成果性目标，即按照事先确定的项目计划和要求，调配资源，完成项目活动，并实现项目的成果性目标。这一阶段的主要任务包括资源的调配，项目活动的实施和项目成果的达成。

（4）结束阶段。结束阶段是项目管理过程的最后一个阶段，主要涉及项目的结束和交接工作。团队的工作目标是满足利益相关者的需求，并评估项目目标的实现程度。在这个阶段，团队将进行项目交接工作，对项目的费用进行决算，进行项目审计和项目评价等工作。这些工作的完成将会生成最终的项目成果和验收报告，同时也帮助团队总结和吸取项目管理经验，以改进未来的项目管理实践。

2.目标管理理论

目标管理是一种管理方法，通过组织成员的积极参与，自上而下地确定和分解工作目标，实施自我控制和自下而上保证目标实现。实施目标管理通常包括四个主要步骤：

（1）建立完整的目标系统，这是根据组织的总体目标、结构和任务性质自上而下逐级确定目标，形成完整的目标体系。目标系统的建立需要与组织结构相吻合，以确保每个部门和成员都有明确的目标。然而，逻辑分解和组织结构分解的目标系统可能会有冲突，需要灵活调整和协调。

（2）明确责任，这是指明每个成员在目标体系中所承担的责任和角色。通过明确责任，每个成员都清楚自己的任务和目标，从而更好地理解如何为实现整体目标做出贡献。

（3）组织实施，这是目标管理的关键阶段。在这个阶段，管理层需要按部就班地下达目标任务，并充分授权给执行者，依靠执行者的自我控制来实现目标。这种分配任务和授权的方式能够激发成员的积极性和创造力，使目标的实现更加高效和灵活。

（4）检查评价，这是目标管理的持续过程。在这个阶段，与执行者协商确定完成期限、质量要求等，并定期进行检查、评价和验收。通过及时的反馈和纠偏，可以确保目标的达成，并为下一阶段的目标管理提供基础和经验。

（二）现代系统科学

系统科学是一门研究系统的新兴学科，其发展经历了定性系统思想的产生、定量系统科学方法的建立和综合系统科学体系的构建三个阶段。它是一门综合性的科学，包括一大批学科，像一般系统论、信息论、控制论、突变论、运筹学、模糊数学等。系统科学在实际应用中广泛涵盖了系统工程、系统分析、管理科学等学科理论和方法。

在现代职业教育体系的建设中，需要借鉴现代系统科学的理论，具体如下：

首先，建立职业教育系统的分析模型，这可以借鉴一般系统论的思想。通过对职业教育系统的各个要素进行分析，包括教学模式、师资队伍、教学设施等，可以从系统的角度全面了解职业教育的复杂性和相互关联性。

其次，建立现代职业教育体系的分析模型，可以更好地了解体系的组成和运作方式。信息论和控制论的原理可以用于描述和优化职业教育体系中的信息流和控制机制。通过建立这样的模型，从综合的角度审视职业教育体系，并发现其中的潜在问题和改进点。

最后，职业教育体系建设需要明确建设目标和衡量指标，这可以借鉴现代管理科学中的项目管理理论和目标管理理论。通过明确建设目标的构成要素，如教育质量、学生就业率等，制定出科学合理的目标，并建立相应的理论基础和分析模型。这将更好地评估职业教育体系建设的效果，并进行持续改进和调整。

二、职业教育体系建设的基础

（一）职业教育面临的机遇与挑战

近年来，职业教育工作紧紧围绕着国家经济社会发展需求，按照服务全局、回报社会、推进改革、体现创新的工作思路，积极建设现代职业教育体系，着力培养高素质技术技能型人才，取得了重要进展。然而，随着国际国内形势的变化，职业教育开始进入机遇和挑战并存的重要发展时期，必须准确把握战略机遇期的深刻变化，更加有效地应对各种风险和挑战。

1. 产业经济的结构变化要求职业教育升级与转型

第一，产业经济的技术升级，促使职业教育体系升级。当前我国产业结构优化升级涉及三个方面：一是推动培育战略性新兴产业，具体包括节能环保、新一代信息技术、生物、高端装备制造、新能源、新材料和新能源汽车；二是加快以制造加工为主的劳动密集型等传统产业转型调整，解决其产能利用率低、产能严重过剩、结构性矛盾突出等问题；三是大力发展服务业，特别是现代服务业，包括生产性服务业、消费性服务业、公用性服务业和基础性服务业，是战略性新兴产业的重要支撑，其中，生产性服务业是现代服务业的主体，包括现代物流业、交通运输业、金融服务业、商务服务业和信息服务业等。当前，我国产业结构优化升级遇到的问题主要是中高端技术人才短缺、创新能力不足、国际服务贸易比重低，这就要求职业教育深层次了解产业升级的新动向，及时提升办学层次，密切联系行业企业，不断深化教育教学改革，提高人才培养质量，调整专业和课程结构，改革教学方式，尤其是要积极改进实训教学方式，积极寻求产业结构优化升级过程中的机遇。

第二，产业经济的结构变化，促使职业教育结构调整。当前，我国产业结构重心已经基本完成由第一、二、三产业向第二、三、一产业的转换，并正在继续向第三、二、一产业结构转换，这个趋势与我国劳动力的分布情况和流动情况相吻合。产业结构升级期间，农村大量剩余劳动力向城镇第二、三产业转移，而相比于第一、二产业而言，第三产业对劳动力吸纳的潜力较大，更能够促进产业结构与就业结构的协同发展。因此，职业教育要结合产业结构规划，及时调整职业教育的专业结构，针对第一产业，开展适应农业规模化发展和优势生态农业的职业教育和技能培训，促进农村劳动力的升级和农村剩余劳动力的转移；针对第二产业，提升职业教育的人才培养层次，大力培养职业素养高、技术技能水平过硬的高级职业人才，以适应高新技术产业、高科技含量产业的用工需求；针对第三产业智力性、创新性、战略性和环境污染少等特征，积极开展专业学位研究生教育，着力培养综合型、精英型职业技术人才。

第三，产业经济发展速度趋缓，需要职业教育注重内涵发展。职业教育要适应社会经济发展新常态，使发展规模与产业发展速度相适应，着力加强供给侧结构性改革，走内涵发展道路，与产业行业紧密合作，及时调整人才培养方案，编制能够反映行业产业最新技术和生产工艺的专业结构与课程体系，引进行业企业的岗位用工标准，引入行业企业对人才培养质量的评价机制，与行业企业形成教师资源、实训资源等共享共赢局面，切实提高职业教育发展的质量。

2. 新兴信息技术促使职业教育改革教学与管理模式

近年来，云计算、物联网、移动互联网、新一代移动通信等新兴信息技术快速发展，激发了科技和社会发展的需求潜力，促进了社会经济发展方式的转变，促进了产业结构的优化升级。新兴信息技术给职业教育的发展也带来新的生机，涌现出仿真实训、慕课（MOOC）、微课、远程教学等新的教学方式，以及各种信息管理系统，给职业教育的教学管理和评价、课程和专业建设、教学方式和教学组织形式等带来了极大的冲击。

（1）新兴信息技术促使职业教育改革课程和专业建设模式。新兴信息技术改变了产业部门的分工秩序，部门内部的分工也更加细致，生产工艺、制造技术、生产分工、销售方式、组织管理方式等发生巨大变化，职业类型和职业岗位要求不断更新，促使职业教育必须根据产业内部分工和企业组织内部分工的情况，研究工作领域中对职业资格要求的最新变化，调整专业类型和专业结构，更新课程内容和课程结构，重新编制课程标准，改革人才培养方案、教学组织形式和教学制度安排。

（2）新兴信息技术促使职业教育改革教学方式。新兴信息技术对教师的教学方式和学生的学习方式都产生了重要影响。在课堂教学中，多媒体技术可以将许多抽象的、难以用语言和二维图形表达的教学内容形象地展示出来；在实验实训教学中，计算机模拟和仿真技术为实验和实训节约了空间、时间和成本，且具有试误容错功能，给学生提供了重复实验和实训机会，便于巩固职业知识和职业技能。在学习过程中，运用云计算和移动计算技术，可以为职业教育的学习者提供多种在线学习资源，使学习者可以随时随地进行差异化和个性化的学习、在线作业，并参与教学评价；运用大数据技术，可以分析每个学习者的学习习惯、困难和不足，自主定制、分发个性化的学习内容和学习任务，促使每个学习者都能够实现自主学习和自主职业发展。

（3）新兴信息技术改变了职业教育的管理模式。首先，新兴信息技术对职业教育的行政管理模式和教学管理模式提供了新的解决方案，促使职业教育的教务、学籍、学分、人事、财务、就业、教学质量评价等内部管理，以及校企合作机制体制建设等外部管理的信息化程度不断提升。其次，新兴信息技术为职业教育的资源管理模式提供了新的解决方案。当前，职业教育体系内部的资源和社会职业教育资源都比较分散，运用新兴信息技术可以建立区域职业教育资源配置系统，实现区域内职业教育资源的优化配置、调度和调剂。

（4）新兴信息技术对职业教育的师资建设提出新要求。首先，新兴信息技术影响产业部门分工秩序，并使产业分工加速，分化出很多新的职业，产生了很多新的职业知识、新的工艺和新的生产技术，这就要求职业教育的教师必须通过下厂锻炼等继续教育方式，更新专业知识，提升专业教学技能和教学水平。其次，新兴信息技术促进了职业教育教学方式的改变，要求教师必须懂得运用这些新技术开发课程、实施教学、进行教学评价，以及与学生及其他利益相关者交流互动。最后，新兴信息技术影响了职业教育的教学管理方式，要求职业教育的教师能够适应信息化管理的新趋势，在线提交相关教学管理文件、在线分发和批改学生作业、在线评价学生的学习绩效等。

（二）职业教育体系建设的突破路径

当前，职业教育作为培养高素质劳动者和推动经济发展的重要途径，正逐渐受到越来越多的关注和重视。然而，要构建一个现代化、科学化的职业教育体系，仍面临着一系列的挑战和难题。

首先，加强理论建构，夯实科学基础。只有在理论的指导下，才能更好地规划职业教育的发展方向，并为其设定明确的目标。通过深入研究和理论构建，更好地了解职业教育领域的规律和特点，为实际工作提供科学依据，不断提高职业教育的质量和水平。

其次，利用约束条件，提升发展的持续性。职业教育体系的建设不是一蹴而就的过程，它需要长期的持续改革和发展。通过制定合理的约束条件和政策措施，引导职业教育朝着可持续发展的方向前进。这些约束条件可以是相关法律法规、监管机制或者标准和评估体系，它们可以为职业教育提供明确的发展路径和目标，引领职业教育体系走向更加健康、稳定和可持续的发展。

同时，注重人本性，满足多重需求，关注职业教育主体的发展。职业教育的核心是培养人才，因此要将人的全面发展放在首位，关注个体的需求和兴趣。通过多样化的教育形式和灵活的培养方式，帮助学生实现个人发展目标，并满足多元化的需求。只有真正关爱和支持每一个职业教育主体，才能培养出更加优秀的职业人才。

最后，淬炼适应性，解决环境、体系、主体之间的矛盾，提升主体适应需求能力。职业教育存在着与社会、经济、技术等方面的紧密联系，必须要能够与时俱进，紧密结合实际需求。通过不断改善教育环境和体系，提供更好的教育资源和条件，同时也要培养学生良好的适应能力，使他们能够在不断变化的社会和经济环境中迅速适应并发挥自己的作用。

总之，要建设一个现代化、科学化的职业教育体系，加强理论建构，提升发展的持续性，注重人本性，淬炼适应性。只有通过这些努力，才能培养出更多优秀的职业人才，推动社会经济的可持续发展。

三、职业教育体系的本体与建设目标

（一）职业教育体系的本体分析

本体不能仅仅限定在学校职业教育，但是也不能用泛指的职业教育作为现代职业教育体系的本体。但是，根据系统科学视野下对现代职业教育体系的分析，既然是"体系"，那么它必然涉及这个系统的组织层、表现层、规则层以及环境层四个层面。很显然，环境层绝对不是系统的主体，只有组织层、表现层、规则层才是现代职业教育体系的主体。

1. 职业教育体系本体的界定

现代职业教育体系的本质界定主要基于法律规定、经济需求、学术理论和边界确定四个方面。法律依据是职业教育相关法律对体系的规定；经济依据是根据经济需求对体系的评估；学理依据是基于历史、发展趋势、学习者需求等因素的判断；边界依据是通过社会部门分工、教育部门分工、纵向分工和学习者生涯发展等方面确定体系的边界。以上四个依据共同构成现代职业教育体系的理论和实践依据。

（1）法律依据。职业教育体系的本体是根据职业教育的相关法律进行人为界定。然而，在国家层面的法律界定中，权威性相对较轻。职业教育的内部依据主要包括组织层的规定、表现层的功能规定以及规则层的制度保障。

组织层规定涵盖了教育提供者和教育对象的范围，以及职业学校和职业培训机构的设立等方面。这些规定为职业教育提供了基本的组织架构和运行机制。它们确保了教育机构的合法性和规范性，同时规定了教育的目标和任务。

表现层规定了职业教育的功能，包括提高劳动者素质、促进现代化建设以及推动经济和社会发展等方面。这些规定明确了职业教育的使命和目标，展示了其对社会和经济发展的重要作用。职业教育通过培养学生的专业技能和实践能力，为他们未来的就业和职业发展提供支持。

规则层保障包括学历证书、培训证书、职业资格证书制度和教师资格制度等。这些制度为职业教育提供了规范和认可的标准，确保了教育质量和师资水平的提升。学生通过获得相关证书，能够证明其所具备的专业知识和技能，提升其在就业市场的竞争力。

然而，法律体系的内部规定往往滞后于外部环境的发展。为了适应职业教育的未来发展和社会经济的变化，需要考虑更新和完善职业教育的法律体系。这包括与时俱进地制定相关法律和政策，提供更灵活的教育机制和多元化的培训方式，以及加强与产业界的合作，促进职业教育与就业市场的对接。

只有通过不断的改革和创新，职业教育体系才能更好地适应社会的需求，为劳动者提供更好的职业发展机会，为国家的现代化建设和经济发展做出更大的贡献。不断关注职业教育领域的最新趋势和技术，与时俱进地调整和更新法律法规，以确保职业教育体系的有效运行和发展。通过与各方的密切合作和共同努力，我们可以建立起一个更加完善、灵活和适应性强的职业教育体系，为劳动者和社会创造更多的机会和价值。

（2）经济依据。面对国际社会对资源、技术和人才的竞争日益激烈，重新调整在国际产业链分工中的地位，以更好地适应并参与全球经济发展。为此，国务院多次强调加快经济发展方式转变和产业结构调整的重要性，俗称为产业升级。实际上，产业升级的核心是提升产业经济的技术构成，而根本上则是提升劳动力的素质，或者可以说是提升人力资本的有机组成。因此，建设现代职业教育体系成为实现这一目标的经济基础。

现代职业教育体系的建设对于我国的经济发展具有重要意义。首先，它可以提供高质量的人力资源，满足产业升级的需求。通过培养具备先进技术和专业知识的优秀人才，职业教育可以有效提升劳动力的技能水平，使其更好地适应新经济形势和科技发展的需求。这将有助于推动我国产业结构向高端、智能和绿色方向转型，提高经济增长的质量和效益。

其次，现代职业教育体系的建设可以促进人力资本的流动和优化配置。通过打破传统教育观念和体制的束缚，职业教育可以为劳动者提供更多选择，使其能够根据市场需求和个人兴趣进行职业选择和发展。这不仅有助于提高人力资本的效率和灵活性，还能够促进人才的跨行业、跨地区流动，提升整体就业和经济活力。

此外，现代职业教育体系的建设还有助于培养创新精神和创业能力。随着科技进步的加速和产业结构的优化，创新已成为推动经济增长和提升竞争力的关键。职业教育可以培养学生的实践能力、团队合作精神和创新思维，培养一批具有创造力和创新能力的创业人才，为我国产业升级和创新发展提供强有力的支持。

要建设现代职业教育体系，需要从多个方面着手。首先，要加大对职业教育的投入力度，优化资源配置，提高职业教育的质量和地位。其次，要推动职业教育与产业发展的深度融合，强化产学研用结合，确保职业教育的专业性和实用性。同时，要不断完善职业教育的法律法规和政策体系，为职业教育发展提供良好的政策环境和制度保障。

总之，建设现代职业教育体系是我国在国际竞争中提升产业地位和实现经济转型升级的重要举措。通过优化资源配置、提升劳动力素质、培养创新创业能力，职业教育可以为我国经济发展注入新的活力，推动经济的可持续。

（3）学理依据。现代职业教育体系的建设依据于学理考察，并需要融合法律和经济依据进行必要的补正。在组织层方面，职业教育体系应包括提供职业教育和培训的机构、校企合作体系的企业、研究机构、社会中介组织等，以确保多元化的资源和协作平台的建立。此外，《现代职业教育体系建设规划》可以作为现代职业教育体系建设的依托，在表现层方面发挥重要作用。而在规则层方面，需要设计各个法律之间的体系化，使其相互配套，如校企合作中税收制度与促进法的配套，顶岗实习制度与劳动法、劳动保护法的配套。通过这种规则层面的配套建设，能够提升职业教育体系的协同效应，使各项规定能够有机地相互支撑和促进，以最大限度地发挥职业教育的作用。总的来说，建立现代职业教育体系需要考虑多个层面的要素，并通过合理的结构和规则安排来保证体系的有效运行和质量提升。

（4）边界依据。在社会部门的横向分工中，其范围主要限于直接或完全行使公共职业教育提供权的行业和企业培训。这意味着社会部门负责确保有关行业和企业提供适当的公共职业教育，并为员工提供必要的培训。这样做的目的是确保人们能够掌握所需的职业技能，并提高他们在工作市场上的竞争力。

而从教育部门的角度来看，其范围限于直接或完全行使公共职业教育管理权的学校职业教育，其中最高层次是高等职业教育。教育部门负责监督和管理各级学校的职业教育，确保其质量和内容符合相关标准，并且能够满足社会对职业技能的需求。

至于职业教育学习者生涯的发展，其范围则涵盖了除职业启蒙教育外，职业人员整个职业生涯中的职业教育。这意味着在一个人的职业生涯中，职业教育扮演着重要角色，不仅包括初级职业教育，还包括职业培训、继续教育以及职业转型等方面的学习。通过不断学习和提升职业技能，个人可以适应职业环境的变化，进一步发展自己的职业生涯。

上述三种角度并非相互排斥，也没有绝对性，它们是互相借鉴和补充的关系。在实际运用时，应根据具体情况选择合适的依据来确定社会部门的横向分工。这就需要综合考虑社会的需求、行业的特点以及个人的发展需求，以确保职业教育能够有效地服务社会和个人的需求。

2. 职业教育体系本体的分层

（1）组织层。组织层是指系统的物理结构，即系统论中的物理层。在这个层次上，主要研究现代职业教育体系的规模、结构、模式、层次、类型、比例、要素，以及内部子系统等内容。

第一，规模。现代职业教育体系的规模是指其组织机构和所拥有的人员、财务和物质资源的总体数量。这个规模受人口发展指数和社会经济情况等多个因素的影响。人口发展指数是一个综合评价人口数量、素质、结构和分布等方面的指标。它反映了一个地区或国家人口的整体情况。人口数量的增长和结构的变化会对职业教育的规模产生影响。社会经济的有机构成反映了技术构成变化的资本价值构成。经济的发展水平和技术进步会对职业教育的规模产生影响，因为技术变革会导致对不同类型的职业技能的需求发生变化。

在国际范围下，职业教育学生规模通常被用来评价职业教育的规模。这可以通过计算职业教育学生人数占教育类型注册学生人数的百分比来衡量。在国内，评价职业教育的规模常常使用职业学校数量、教学行政用房面积、校舍建筑面积等指标。这些指标可以反映出职业教育机构的规模。

总的来说，评价职业教育的规模可以通过比较学生人数占全国适龄人口数量的比例和职业教育注册学生人数占教育类型注册学生人数的比例来进行。这些指标可以帮助我们了解职业教育的规模以及职业教育体系的发展情况。

第二，结构。职业教育体系的结构是由多个基本部分组成的。这些基本部分包括体制、层次、种类、形式、地区、目标、教学、管理和教育思想等。每个部分都由相应的要素组合而成。在现代职业教育体系结构中，主要关注各类和各层次职业教育的比例构成。同时也需要考虑表面层面的结构，如地区结构、专业结构、课程结构、师资结构和资金投入结构等。

《规划纲要》针对职业教育体系的结构制定了一些目标。这些目标包括调整生源结构、优化层次结构、丰富类型结构、合理构建形式结构、完善专业结构、优化课程结构、合理配置资金投入、加强师资队伍建设以及优化区域布局结构等。

通过达到这些结构目标，职业教育体系可以更好地适应社会发展需求，为不同层次和类型的学生提供更贴合实际的教育内容和培养方案。同时，优化的体系结构也有助于提升职业教育的质量和水平，促进经济的可持续发展与社会的进步。通过整合各个要素，建设更加科学、合理、高效的职业教育体系，将为培养具备实践能力和创新精神的专门人才提供坚实的基础。

第三，模式。一般来说，可以将"模式"定义为某种事物的典型形式或者是人们可以按照其进行操作的标准样式。在系统科学中，"模式"常用来描述一个系统的整体或宏观的时空结构，它是系统中相互关系的总和或者是结构的一部分，可以具体化为某种具体形式。

实际上，模式就是系统中不同要素在时间或空间上的排列组合方式，可以分为系统空间上的重复结构、系统时间上的重复结构以及时间和空间上的重复结构这三种类型。系统空间上的重复结构指的是在系统中存在着相同或相似的结构单元，这些结构单元在空间上重复出现，形成了系统的整体结构。系统时间上的重复结构指的是系统在时间上重复出现某种特定的模式或序列，这种重复可以是周期性的，也可以是规律性的。时间和空间上的重复结构指的是系统在时间和空间上同时存在重复的模式。

现代职业教育体系的模式在各个层次上都存在多种形式。比如在管理方面，存在着不同的管理模式，如传统的层级管理模式、扁平化管理模式、团队合作管理模式等。这些不同的管理模式在组织内部的权力结构、沟通方式、决策流程等方面有着不同的特点和运行规则。在办学方面，各个学校也都有自己独特的办学模式，包括办学理念、课程设置、师资队伍构建等方面的差异。人才培养模式是指在职业教育中如何培养和发展学生的专业能力和综合素质。不同的人才培养模式可能注重不同的能力培养，例如技术技能培养、创新能力培养、实践能力培养等。教学模式是指在教学过程中采用的教学方法和策略，包括讲授式教学、实践式教学、合作式教学等。

不同的职业教育模式对于学生的学习效果、职业发展、适应社会需求等方面都有着直接的影响。合理选择和运用适合的职业教育模式，可以提高学生的学习积极性、培养学生的创新思维和实践能力，使其更好地适应社会发展的变化和需求。同时，职业教育模式的不断创新和改进也是推动职业教育发展的重要因素之一。随着社会的不断发展和变革，职业教育模式也需要不断适应和更新，以培养符合社会需求的高素质人才。

总之，职业教育体系中的各种模式在不同层次上都起着重要的作用。这些模式不仅是对系统的描述和规范，同时也是指导实践和促进发展的重要工具。通过深入理解和运用不同的职业教育模式，可以不断提升职业教育的质量和效果，为人才培养和社会发展做出积极贡献。

第四，层次。在教育领域，层次是用来描述同一事物因为大小、高低等不同而形成的区别。例如，可以通过比较物体的大小或高度来划分它们的层次关系。在我国的教育体系中，层次特指教育等级。目前，职业教育和职业培训被分为初级、中级和高级三个层次。这种分层有助于学生在职业教育和培训方面的有序发展。

在学术界，普遍认为职业教育应该与普通教育并行发展，建立多科性或单科性的职业技术学校或学院。然而，对于"professional education"这一术语的翻译存在误解，导致人们错误地将其与职业教育联系在一起，实际上它与学术高等教育并列。职业教育的最高学历层次仅限于专科水平，而且与专业教育有很强的替代性。因此，解决职业教育体系层次问题的关键在于解决各个层次之间的衔接。这需要政府和决策者进行政治调控，并制定相关政策。通过建立紧密的衔接机制，可以确保职业教育的培养目标与高等教育的需求相一致，从而促进人才的全面发展和社会的持续进步。

在衔接机制中，可以采取一些具体措施。首先，需要建立多层次、多样化的职业教育路径，使学生能够在初级、中级和高级层次之间进行顺畅转换。这意味着需要提供灵活的培训方案，以满足不同学生的需求和兴趣。其次，需要加强职业教育与高等教育的对接。这包括建立职业教育与大学教育之间的学分转换机制，使学生在完成职业教育后能够顺利进入高等教育阶段，继续深造或接受更高级别的教育。

另外，还应该加强与行业和企业的合作，建立实习和就业机会，以帮助学生将所学的知识和技能应用到实际工作中。这将有助于职业教育的实践性和实用性，提高学生的就业竞争力。同时，政府可以制定相应的政策和措施，鼓励学生选择职业教育，并为他们提供相应的奖励和支持。这可以包括奖学金、就业保障和职业导向的资助项目等，以激励更多人参与职业教育，并为他们提供更好的发展机会。

第五，类型。现代职业教育体系的主体类型可以根据学习者的职业发展路径进行分类。其中，包括职业准备教育和职业继续教育。在设计现代职业教育体系时，需要注意与职业启蒙教育（或者说基础教育）的衔接，以确保教育之间的顺畅过渡。从形态上来看，现代职业教育包括学校职业教育和职业培训。从学制上来看，又可以分为全日制和非全日制两类。从地域上来说，职业教育可以分为农村职业教育和城市职业教育。此外，还可以根据举办主体、学习对象（如性别、年龄等）、经费构成、隶属产业部门、人才培养目标、办学类型、专业科类或院校类型等方面进行分类。现代职业教育体系建设是一个体制内外不断探索的过程。因此，在国家法制框架内，应允许多种类型的职业教育共同发展，鼓励探索多样化的办学形式。

第六，比例。比例是一个重要的指标，它在各个领域都具有广泛的应用。然而，单纯地看待比例指标往往是片面的，需要结合其他因素来进行综合分析和评价。

首先，比例指标需要考虑层次。在教育领域，学生与教师的比例是评估教育资源配置的重要指标之一。但是仅仅依靠这一指标是不全面的，因为学生与教师的比例无法反映教育质量的高低以及学生个性化需求的满足程度。因此，在考虑比例指标时，还需要结合教育质量、个性化教学等因素进行分析。

其次，比例指标需要考虑类型。举例来说，在城市规划中，人口与绿地的比例是评估城市生态环境的重要指标之一。然而，不同类型的绿地可能对城市生态环境产生不同的影响，如公园、林地、草地等。因此，评估城市生态环境的合理性时，需要根据不同类型的绿地与人口的比例进行综合考量。

最后，比例指标还需要考虑要素。在产业发展中，不同行业的比例对经济的影响也是不同的。例如，农业、制造业与服务业的比例关系着一个国家或地区的产业结构和经济发展方向。因此，评估产业结构合理性时，需要综合考虑不同行业之间的比例关系。

综上所述，比例指标并非独立存在，而是需要与层次、类型和要素等指标相结合来进行综合分析。只有在综合考量的基础上，我们才能更准确地评估规模、结构等指标的可比性和意义。

第七，内部子系统与要素。现代职业教育体系是一个多要素、多层次的复杂系统，由多个子系统组成。这些子系统包括教师教育体系、人才培养体系、教育行政与管理体系、教育投资体系、评估评价与督导体系、招生与就业体系、科研和决策支持体系等。

要构建一个有效的职业教育体系,必须考虑人的要素和物的要素。人的要素包括学习者和教育者。学习者不仅指学校职业教育中的学龄人口,还包括其他有职业教育需求的人群。对于教育者,我们应重视"双师型"教师建设,培养具备实践经验的兼职教师。

物的要素包括教育经费和其他物质资源。目前,现代职业教育体系建设的目标之一是完善教育经费投入机制,推动企业加大对职业教育的投入。此外,还需要推行农村新成长劳动力免费培训政策,实行中等职业教育的免费制度,并改善家庭经济困难学生的资助政策。

通过综合考虑这些要素和目标,可以建立一个健全的现代职业教育体系。这样的体系将能够满足不同人群的职业教育需求,培养高素质的人才,提高国家的竞争力,并为经济社会发展做出积极贡献。因此,各相关方应共同努力,推动现代职业教育体系的建设和发展。

(2)表现层。现代职业教育体系的存在和发展是有其理由和动力学特性的。教育目的可以在广义和狭义两个层面上进行划分。广义的教育目的包括教育活动所能达到的预期结果的集合,而狭义的教育目的则关注于某种类型教育的人才培养。

现代职业教育体系具备多项功能,并且在环境中发挥着重要的影响。教育功能可以被划分为个体功能和社会功能。个体功能指的是教育对个人发展的积极作用,而社会功能则表示教育对社会发展的积极影响。现代职业教育体系具备广泛的教育功能,并且具有特殊的意义。

现代职业教育体系的行为体现在人才培养、科学研究、社会服务和文化传承等方面。这些行为可以被划分为确定性行为和随机性行为。不同类型和层次的职业教育在分工上存在差异,因此它们的行为表现也各有不同。

水准是指现代职业教育体系在行为结果上所达到的程度，受内部条件和外部环境的制约。现代职业教育体系的水准应该考虑到教师和学生的需求，适应社会经济的有机变化，并且力争达到世界先进水平。

综上所述，现代职业教育体系通过目的、功能、行为和水准这四个方面来展现其表现层。其目的在于教育的存在理由和动力学特性，功能指的是教育对社会和个体发展的有益影响，行为体现在人才培养、科学研究、社会服务和文化传承等方面，而水准则要求达到教师与学生需求、适应社会经济变化，并达到世界先进水平。因此，现代职业教育体系的发展应该注重提高教育的目的和水准，发挥其重要的功能，以促进个体和社会的发展。

（3）规则层。规则层是指系统的运行规律和约束规范。规则层不仅包括系统的运行规律和约束规范，还包括规范法则和社会学法则。此外，意识形态、风俗习惯等也是规则层的组成部分。

第一，建设理念和指导思想是指建设现代职业教育体系的理想、永恒和精神性的通用范式，指导思想则是在建设过程中占据主导地位、具有指导性的思想。

第二，理论体系是对某一领域或现象进行推演得出的概念或原理，从而形成的综合和抽象的知识体系。对现代职业教育体系来说，理论体系包括两个宏观层次：第一层是建设现代职业教育体系的理论和理论体系，即顶层设计的理论体系；第二层是现代职业教育体系主体功能有效发挥的理论体系，如现代职业教育和教学理论等。

第三，社会传统和文化观念是现代职业教育体系中的隐性规则。尽管它们可能不可见或不可触摸，但它们确实对现代职业教育体系的建设产生着实际影响，如我国传统观念中对职业教育的轻视。因此，在现代职业教育体系的建设中，必须积极引入工业文化，以改变观念、尊重职业教育并遵守职业伦理。

（4）环境层。环境层是指与系统组成元素相互影响、相互作用但不隶属于系统的所有事物的总和。在职业教育中，环境层由与职业教育相关的各种系统组成。

第一，外部机制是指职业教育体系与环境之间的相互关系和运作方式，主要解决职业教育体系与环境之间的输入和输出关系。其中包括政府与劳动力市场之间的引导机制，政府与行业企业之间的激励机制，职业教育与劳动力市场之间的适应机制，职业教育与行业企业之间的合作机制，以及政府、劳动力市场、行业企业和职业教育之间的协同机制。此外，还包括职业教育与其他教育类型之间的招生、沟通和竞争机制。

第二，外部子系统是指职业教育行为的外部功能对象，主要包括经济部门（尤其是行业企业和协会）、劳动力市场和其他不属于职业教育体系的教育类型。经济部门在职业教育中扮演着重要角色，行业企业和协会直接参与职业教育的规划、实施和评估，劳动力市场需求则决定了职业教育的方向和内容。此外，其他教育类型（如普通教育和高等教育）也与职业教育有着一定的关联，它们可能提供预备性教育或衔接机制，以确保学生在职业教育之前具备必要的知识和技能。

（二）职业教育体系建设的目标方针

有效的目标指向是个体活动和组织活动的核心。它应具有方向性、全局性和激励性，以确保实际行动与预期结果一致。在制定目标指向时，需要明确组织层、表现层、规则层和环境层的目标方针，以在不同层面上促进协同工作和实现整体目标。这种明确的目标方针有助于建立清晰的整体方向，从而在建设任务中提供指导和引领。通过确立明确的目标方向，个体和组织可以更好地规划和组织各项活动，提高工作效率和成果的质量。因此，确立目标指向是实现个体和组织成功的重要一步。

1.组织层的目标方针

目前，职业教育改革中最受关注的问题是现代职业教育组织的发展。这个问题包括规模、结构、层次、类型、比例及各个子系统和要素等方面的建设。

（1）规模适度，结构完善。根据全球经济发展趋势和我国产业发展动态，我们可以认为从"去工业化"到"再工业化"是国家和民族发展方式的合理回归。

这一趋势要求现代职业教育体系依托实体产业经济，积极推动职业教育的发展。为了全面推进职业教育，我们需要构建一个面向所有人的包容性职业教育体系，同时建立一个针对从业者终身学习的体系，并努力消除城乡之间的职业教育二元对立。同时，我们也需要完善和升级现代农村职业教育体系，确保职业教育的普及和发展。

在全球经济发展进程中，"去工业化"一度被视为先进经济体转型的重要路径。然而，近年来，随着新兴技术的崛起和产业结构的调整，全球范围内再工业化的趋势逐渐显现。国家和民族发展方式的合理回归是出于对产业结构的重新评估和对实体经济的重新认识。

为了适应这一趋势，现代职业教育体系必须依托实体产业经济，积极推动职业教育的发展。首先，我们需要构建一个面向所有人的包容性职业教育体系。现代职业教育不能仅仅服务于少数特定人群，而是要覆盖各个社会阶层，包括农民工、农村居民、下岗工人等。通过提供多样化的职业培训和技能提升机会，让每个人都能获得适应未来产业需求的职业教育。

其次，我们需要建立一个针对从业者终身学习的体系。随着科技和经济的快速发展，职业技能要求也在不断变化。传统的一次性教育已经无法满足人们不断提升技能的需求。因此，我们应该建立起一套灵活的终身学习机制，通过职业培训和进修课程，使从业者能够不断更新自己的知识和技能，适应快速变化的产业环境。

同时，我们还需要努力消除城乡之间的职业教育二元对立。由于资源分配不均、人才流动限制等因素，城乡之间存在明显的职业教育差距。为了促进全面的职业教育发展，我们需要加大对农村地区的支持力度，完善和升级现代农村职业教育体系，提高农村居民的职业技能水平，增强他们的就业竞争力。

总之，从"去工业化"到"再工业化"是国家和民族发展方式的合理回归。为了适应这一趋势，现代职业教育体系必须依托实体产业经济，积极推动职业教育的发展。全面推进职业教育需要构建一个面向所有人的包容性职业教育体系，建立一个针对从业者终身学习的体系。

（2）层次升级，衔接顺畅。近年来，我国的产业经济发展呈现一种逐步加大的有机构成的趋势。随着生产制造技术的不断提升，职业教育也在朝着高端方向发展。职业类师范院校率先升级，为职业院校提前进行师资储备，以确保师资力量的高质量和数量。

然而，随着职业教育办学层次的升级，我们需要重新审视学历证书和职业资格证书的等值问题。目前，职业教育体系被划分为职业启蒙教育、职业准备教育和职业继续教育三类，但内部衔接存在问题。职业启蒙教育断层及学校职业教育和职业继续教育之间的鸿沟使得职业教育的连贯性受到影响。

此外，职业教育各层次的选拔和分流功能相对薄弱，可能会导致考试制度回归到学历教育，忽视了人才多元化的培养需求。同时，学籍管理制度也成为制约职业教育发展的因素之一。为了适应职业教育的需求，我们需要转变学籍管理观念，采用完全学分制，使得学生能够根据自身兴趣和能力进行自主学习和发展。

综上所述，虽然职业教育在生产制造技术提升的推动下有了长足发展，但仍面临着一些挑战。通过职业类师范院校的升级、学历证书和职业资格证书的等值问题的重新审视、职业教育体系的内部衔接完善、选拔和分流功能的加强及学籍管理观念的转变，我们可以进一步推动职业教育朝着高质量和全面发展的方向迈进。

（3）类型全面，沟通无障。在我国，职业教育发展已经形成了多种类型，并经市场和行政双重调节。我们建立了以职业学校教育和职业培训并重的职业教育体系。职业培训的范围也非常广泛，包括从业前培训、转业培训、学徒培训、在岗培训、转岗培训及其他职业性培训。目前，我们已经有了学校职业教育、社会培训、企业培训及国家机关工作人员专门培训等多种类型的职业教育。

然而，现有的职业教育体系并不能完全满足社会和经济发展的需求。在一些专业领域，我们仍然缺乏相应的职业培训专业体系。此外，学校职业教育的学历证书和培训的职业资格证书之间的转换也存在困难。为了适应现代社会的需求，我们需要建立一个更加丰富多样的教育专业和培训课程的职业教育体系。

此外，各类型的职业教育之间需要能够进行顺畅的沟通和转换。这意味着学校职业教育、社会培训、企业培训等各方面需要有更好的协调和合作，以确保学生和职业人员能够在不同的职业教育类型之间进行转换，并获得相应的认可和支持。

综上所述，我国职业教育体系在市场和行政调节下已经形成了多种类型。然而，我们仍然需要进一步发展和完善职业教育，以满足社会和经济发展的需求。这需要建立更加丰富多样的教育专业和培训课程，同时加强各类型职业教育之间的互动和合作。只有这样，我们才能为学生和职业人员提供更好的职业教育机会，推动我国职业教育发展迈上新的台阶。

（4）比例协调，全面统筹。在当前教育供需矛盾中，协调不同层次和类型的职业教育比例是重要的改革任务。这项任务的核心在于调控职业教育比例，以保障学习者权利，使其能够在不同级别和领域的职业教育或培训中转换。

调控职业教育比例的依据是产业结构所需的劳动者数量。通过了解全国范围内的人力资源需求和职业教育专业需求，教育行政部门和国家统计部门能够更准确地确定各个领域和层次的职业教育比例。

然而，对于如何进行调控，目前存在着行政强制调节、市场自由调节和行政引导下的市场调节三种手段。行政强制调节和市场自由调节在一定程度上限制了学习者在不同领域的顺利转换，不利于适应经济发展和个体需求的变化。

相比之下，行政引导下的市场调节是现代职业教育体系应采用的调控方式。通过市场机制竞争和筛选，学习者能够选择适合自己的职业教育专业和培训课程。同时，教育行政部门和相关机构需要及时跟踪和分析市场变化，动态调节各级各类职业教育比例，以保持职业教育的适应性和灵活性。

总之，协调不同层次和类型的职业教育比例是当前教育改革的重要任务。这需要行政部门和统计部门的紧密合作，以确定合理的职业教育比例，并通过行政引导下的市场调节来实现。只有这样，才能够满足经济发展的需要，同时保障学习者的权益，使职业教育更好地适应变化的需求。

（5）子系统运转灵活，各要素投入和谐。目前职业教育体系存在一些问题，如缺乏必要的组织机构和机制。这些机构包括人力资源中介机构、质量评价机构、监督和研究机构、社会资源调配机构、教育媒体等。这些机构应作为职业教育体系的子系统，为其提供支持和指导。

同时，职业教育的督导机构和标准化机构也未能建立起来。不同部门间的合作机制也不够顺畅，需要加强顶层合作，确保各方的协调配合。

另一个问题是人的要素和物的要素投入不协调。职业教育教师的教育体系不完善，而且资金投入来源单一。这导致了投入渠道不畅通，影响到职业教育的质量和发展。为了解决这些问题，可以采取以下措施：首先，应该建立健全职业教育教师教育体系和专业发展机制，并开发全面的教育和培训课程，以提高教师的专业素质。

其次，应确保实习实训资源的配套齐全，并提高其利用效率。这可以通过与行业和企业合作，建设功能齐全、配套完善的实习实训基地来实现。同时，还要调节社会和学校的教育资源，建设与行业、企业共建的教育企业和实训工厂等。这将有助于提供更多的实践机会和实际经验，帮助学生更好地适应职业需求。

最后，建立健全社会中介组织也是必要的，如产业协会、行业协会等。这些组织可以发挥作用，保障职业教育的权益与义务。通过他们的协调和推动，职业教育可以更好地发展和运作。

综上所述，解决职业教育体系存在的问题，需要建立健全组织机构和机制，加强部门间的合作，调节投入的协调性，以及采取相应的措施来完善教师培养、实习实训资源和社会中介组织等方面。这样才能推动职业教育的发展，提高人才培养质量，促进经济社会的可持续发展。

2. 表现层的目标方针

现代职业教育体系的隐性问题在于它的表现层建设，这一问题往往容易被忽视，并且没有得到足够的关注。具体来说，这些问题涉及现代职业教育体系的目标、功能、思路、措施、目标和水准等方面。

（1）目的明确，功能全面。随着社会的不断发展和进步，现代职业教育体系亟须重新设定，以满足人们对全面发展的需求。在以人为中心的理念下，新的职业教育目标应当更加重视教师和学生的全面发展，并致力于确保他们的个性得以全面和完整地发展。同时，新的教育体系应该提供全面的职业知识、能力、道德和情感培养，以培养出具备综合素质的职业人才。

首先，新的职业教育体系应注重教师的专业发展和素质提升。教师是职业教育中最重要的组成部分，他们对学生的教育和引导起着关键作用。因此，应该加强教师的培训和教育，提供更多的专业发展机会，使他们能够更新教育理念、掌握最新的教学方法，并提升他们的教学水平和能力。同时，也应当关注教师的个性发展，给予他们更多的自由和创新的空间，鼓励他们发挥自己的特长和才能，为学生提供个性化的教育。

其次，新的职业教育体系应注重学生的全面发展。学生作为职业教育的受益者，他们的发展需要得到充分重视。新的教育体系应当提供多样化的教育资源和学习环境，促进学生的全面发展。除了传授职业知识和技能外，还需要培养学生的创新思维、团队合作精神、沟通能力等软技能，以适应社会的发展和变化。同时，也应该尊重学生的个性差异，充分发挥他们的潜能，引导他们选择适合自己的职业道路，并帮助他们实现自己的职业目标。

除了以人为中心的发展思路外，新的职业教育体系还应发挥多种功能，以满足不同学习者的需求。首先，职业教育应该为学生提供升学的机会，使他们有机会进一步深造和提升学历。其次，职业教育应该注重培养学生的就业能力，为他们提供跳入职场的技能和素质。此外，职业教育还应关注转岗换业的需求，为已经从事工作的人提供重新学习和转变职业的机会。另外，职业教育还应积极推动技能提升，为职场人士提供进修和继续教育的机会，以适应社会的发展和变化。

综上所述，现代职业教育体系需要重新设定，以人为中心的理念下确定新的职业教育目标。重点关注教师和学生的全面发展，致力于确保他们的个性得以全面和完整的发展，同时提供全面的职业知识、能力、道德和情感培养。此外，职业教育还应发挥多种功能，包括升学、就业、转岗换业等。

（2）策略新颖，措施独特。在构建现代职业教育体系时，要采用新观念、新思路和新做法，以终身学习和以人为本的理念为指导。在宏观层面上，建立新的体制和机制，出台新的政策和法规；而在微观层面上，指导建立全新的职业教育课程体系和教学模式，培养适应新经济发展时期的产业工人，他们应该具备新的理念和创新精神。

3. 规则层的目标方针

现代职业教育的表现层建设也是一个显著的问题，受到高度关注。主要内容包括现代职业教育体系的建设理念、指导思想、理论建设、制度、法律、法规以及标准建设等方面。

（1）建设理念应该是崭新的，指导思想应该是科学的。在终身学习理念和以人为本的思想指导下，我们需要具备新观念、新思路和新做法。在宏观层面上，需要建立新的体制、新的机制，并出台新的政策和法规。在微观层面上，需要建立新的职业教育课程体系和教学模式，培养适应新经济发展时期的具有新风尚和创新精神的应用型人才和产业工人。

（2）在经验借鉴的基础上进行创新的理论建设是非常重要的。研究现代职业教育体系时，应注意理论的创新，从吸收外国职业教育理论的经验向本土化的理论发展迈进。同时，积极培养和打造本土化的职业教育理论家、教育家、职业教育科研队伍和科研体制。

（3）在法律、制度和标准建设方面，需要注重建立、健全和体系化。法律、制度和标准建设主要需要完成两项任务：一是新建和完善相关法律法规和标准；二是理顺它们之间的关系，消除冲突，使其成为现代职业教育体系的保障条件，为其提供全方位的保护和支持。

4.环境层的目标方针

现代职业教育的环境层建设问题主要包括以下方面：

（1）确保外部机制体制有效运转。现代职业教育体系的开放性体现在外部机制体制的顺畅运作上。需要权衡政府的行政引导和市场机制的调节作用，除保护文化遗产等专业外，其他专业应由市场决定职业教育行政部门的合并与分化、教育专业的优胜劣汰、院校的整合与兼并、教育资源的分配调节、人才质量评价等。

要实现这一目标，需要保证管理体制顺畅，投资融资机制灵活多元，层次结构贯通，不同职业教育层次之间衔接紧密，校企合作机制顺畅，工学结合紧密，招生体制灵活，就业顺利，岗位转换便捷，继续教育方便。各级职业教育学习者应享有根据自身发展情况选择就业或升学的自由，而权力应更多地下放，而非集中或横向分散。

（2）确保外部子系统全面参与。现代职业教育体系涉及多个社会部门，是一个复杂的系统。为促进现代职业教育体系的改革和发展，需要在健全的法律制度保障下，通过市场调节，使政府各部门、社会各部门及各阶层能够全面协调和联动，关注职业教育事业。

（3）确保输入和输出的平滑流畅。现代职业教育体系需要从外部获取生源、师资、经费等物质资源、职业规范、职业知识和信息等输入，同时也要输出人力资源、社会服务、技术成果、新的职业知识、规范和文化观念等。

因此，要保证输入的平滑流畅，需要健全的招生体系和良好的师资来源、充足的经费支持及时刻关注职业规范和最新职业知识的更新。而保证输出的流畅，则需要确保毕业生人力资源质量高、能够为社会提供有效的服务，同时也要将职业教育的成果转化为可应用的技术成果，推动社会的发展。

（三）现代职业教育体系建设的目标体系

现代职业教育体系是一个由多个要素组成的复杂系统。它的建设涉及多个社会部门、多个教育行政管理主体、多种教育类型、多个教育层次、多种教育资源及多部法律法规等。因此，为了成功建立现代职业教育体系，我们必须按照一定的原则将总体目标分解为分步建设目标，也就是建设目标的基本框架。然后，进一步将基本框架分解为多个具有可操作性和相互关联的子目标。这样做才是我们研究现代职业教育体系建设目标的最终目的。

1. 职业教育体系建设的目标框架

现代职业教育体系的目标框架包括五个层次，即总体建设目标、外部机制体制建设目标、内部机制体制建设目标、本体建设目标和延伸体建设目标。这个目标框架是根据现代职业教育体系目标的主体结构及职业教育体系建设目标体系分析模型得出的。需要强调的是，为了简洁明了的叙述，在这里没有按照现代职业教育体系外延的划分方法逐层论述，而是将现代职业教育体系延伸体与外部机制体制一同讨论。

（1）体系总体建设目标。现代职业教育体系的整体建设目标是为了适应不同的时间和空间背景，并解决"环境—体系—主体"三者之间的关联性问题。由于社会经济结构的复杂性和职业需求的多样性，不同行业对劳动力的需求也呈现多元化趋势。因此，现代职业教育体系建设的总体目标是：在国家统一标准和法规的保障下，构建多元化的职业教育体系，实现学校职业教育、社会职业培训和企事业单位职业培训的协同发展，并且能够相互沟通和融合；在职业启蒙教育、职业准备教育和职业继续教育方面实现衔接，同时考虑分流、就业和转岗换业等多种需求；在职业教育与普通教育之间实现互通和双向转换。这样的大型职业教育体系的目的有两个方面：一是通过多样化的教育模式解决职业教育在空间上的二元对立和生产力分布不均衡的问题；二是建立一套一贯制的教育体系，通过职业和普通教育的交叉融合、学历证书和资格证书的等值互换，满足个体职业生涯发展过程的连续性和多样性需求。

（2）外部机制体制建设目标。现代职业教育体系的外部机制体制旨在处理与"环境—体系"和"环境—主体"之间的关系。对于前者，关键在于建立现代职业教育体系与外部环境之间的顺畅沟通渠道，如招生、就业、社会经济信息、教育资源、兼职教师招聘与退出等方面的有机构成。在应对"环境—体系"关系方面，我们需要让职业教育体系适应社会经济的变化，确保与产业经济组织之间建立密切的互动关系，消除学习与工作之间的隔阂。这可以通过与企业、行业协会等合作伙伴建立紧密的合作关系，将职业教育与实际工作需求相结合，确保学生所学的知识和技能能够直接应用于职场。

另外，吸纳国际经验也是非常重要的。我们可以结合本地需求，创新职业教育理论和模式，积极输出职业教育服务，并吸引国际生源。通过与国际合作伙伴交流经验和进行合作项目，我们可以借鉴和融合不同国家和地区的职业教育成功案例，提升我们自身的教学质量和教育水平。

另一个重要的方面是解决"环境—主体"关系。我们应该以人为本，构建一个大型的职业教育体系，满足不同主体的专业化需求和个体发展的需求。这意味着我们要关注每个学生的个性化需求，提供多样化的专业选择和培训课程，确保每个人得到适合自己的职业发展机会。

最终的目标是实现主体的自由发展和社会抱负。通过解决矛盾和挑战，我们要让每个个体在职业生涯中能够自由发展，追求自己的社会目标。这需要我们提供良好的教育资源和机会，培养学生的创新能力、领导力和适应变化的能力，让他们在不同领域中发挥潜能，贡献自己的力量。

总而言之，只有关注和解决"环境—体系"和"环境—主体"关系，创新教育理论和模式，吸纳国际经验，并促进个体自由发展和实现社会抱负，我们才能构建一个符合时代需求的职业教育体系。这将有助于培养适应未来社会和经济发展的人才，推动社会进步和可持续发展。

（3）内部机制体制建设目标。内部机制体制是指职业教育体系内部各层次之间及各层次内部的匹配关系。对现代职业教育体系的建设目标来说，解决体系与主体之间的关系至关重要。因此，职业教育体系需要进行成套化和体系化建设，但实现这一目标必须依赖于法律制度的建设。没有相关的法律制度，将导致责权利划分困难，无法实现预期的目标和功能。为了实现职业教育的组织功能，需要进行组织建设及相关的法律制度的建设。这些目标包括行政管理、中高职衔接、校企合作、实习实训基地建设、招生就业、投资捐赠、评估和督导等方面的工作。只有通过建立健全的法律制度，才能够确保职业教育体系的高效运行，促进各层次之间的协调与发展。

（4）本体建设目标。系统本体是指现代职业教育体系内部各层次组成的结构，其建设目标主要是为了解决组织层、表现层、规则层之间的耦合关系。

在组织层的建设目标中，涉及现代职业教育体系要素、层次、类型、比例、结构、规模、布局、管理体制等方面。要素的投入包括人力和物力的投入，并且需要达到和谐性，即资源投入密度均衡、公益性考虑、师生发展人本性、教育对象全纳性、师资要求专业性、专业与课程建设与产业发展匹配等。此外，还需要解决层次之间的衔接、各层次和类型的协调发展、布局规划、本科及以上层次的发展和职业教育管理体制的顺畅协调等问题。

表现层的建设目标包括现代职业教育体系的建设目的、教育特色、质量水准、品牌战略、教育功能等方面。现代职业教育体系必须以终身学习的理念进行建设，满足职业主体多次跃迁的需求。职业教育必须保持其特色和不可替代性，实现规模与质量的协调发展，追求卓越质量和国际化品牌定位，满足学习者的多样化需求，同时满足教师的多样化专业发展要求。

规则层的建设目标包括现代职业教育体系的建设理念、指导思想、理论建设、教育规律、法律法规、学校教育制度、评价标准等。现代职业教育体系的建设需要具有超前性和引领性的建设理念和科学论证的指导思想。同时，要加强科学研究和科研团队建设，研究教育规律，并制定完善的法律体系和评价标准体系，保证教育管理制度的灵活性，以适应学习者的转换角色需求。

（5）延伸体建设目标。现代职业教育体系延伸体指的是现代职业教育体系的扩展部分，除了核心体系外的部分。其主要目标是现代职业教育体系的建设涉及多个关键点和结论。社会公共管理组织、民间教育研究和教育评价机构、非政府组织、媒体与出版机构、中介组织等在其中扮演辅助角色。现代职业教育体系的延伸体分为组织层、表现层和规则层三个层次，建设目标需关注这些层次。

社会公共管理组织可以提供政策支持和协调管理职能。民间教育研究和教育评价机构能进行研究和评估，提供数据支持和专业建议。非政府组织、媒体与出版机构、中介组织等则可以促进信息传递、资源对接和合作机会。

组织层的建设目标包括建立职业教育管理机构和完善职业教育规划。表现层的建设目标包括制定职业教育标准和课程设置。规则层的建设目标包括建立职业教育评价体系和监管机制。通过关注这些关键点和结论，能够提升职业教育体系的发展，进一步推动现代职业教育的进步和适应社会需求。在组织层面，现代职业教育体系延伸体致力于推动各组织和机构的系统化发展，并促进它们之间的交流与合作，以实现与现代职业教育体系本体的有机衔接。考虑到我国的民间组织多具有半官方、半民间的性质，这些组织在职业教育方面发挥作用，可以弥补政府和职业教育之间的管理空白。例如，独立的职业教育研究和决策支持机构（如职业教育学会）可以协助职业学校或政府进行研究并提供决策信息；社会中介组织（如行业企业协会）可以提供有关产业升级和变化的信息，为职业教育的专业和课程建设提供指导和建议；职业教育的传媒机构（如出版机构、杂志和其他媒体）可以推动职业教育改革，宣传政策和成果，为教材出版提供建议，引导社会对职业教育的观念和新教育理念的接受；独立的评估评价与督导机构可以提供独立的评价报告，为学校发展提供参考，为公众选择学校提供指南，为政府投资和决策提供参考等。

在表现层面，现代职业教育体系延伸体的建设目标是辅助现代职业教育体系的核心功能顺利实现。这包括提供建议和咨询报告、交换教育信息和情报、宣传教育理念和政策、交流教育和教学经验、分享教育资源和成果、出版教材等。此外，现代职业教育体系延伸体的规则层的建设目标是积极完善和制定相关法规和政策，协调和引导现代职业教育体系的延伸体发挥应有的职业教育功能。

2. 职业教育体系外部机制体制建设的目标

职业教育在产业经济部门中扮演着关键角色。与职业教育相关的行业和企业对教育体系的发展和需求具有重要影响力。劳动力市场中的就业管理和就业中介部门则起到了衔接职业教育与就业的作用，并且调节供需关系。保险行业也发挥着重要作用，保险公司提供了职业教育与风险保障，以确保参与者的权益得到保护。

此外，社会中介组织也扮演着重要角色。这些组织包括行业和企业协会等社会组织，他们参与职业教育的规划、认证和监管。除了职业教育体系外的其他教育机构（如高等教育和职业培训）与职业教育形成互补与协同作用。

外部子系统对职业教育体系的价值选择和行为方式起着决定性作用，这些子系统不受职业教育体系直接控制。因此，通过市场经济的制度和法律保障，解决"环境—体系"和"环境—主体"之间的关系问题是建设目标之一。

在实施过程中，我们应该根据项目的系统性进行目标分解，而不仅仅按照现代职业教育体系的结构框架来划分目标。这样我们才能更好地解决问题，推动职业教育的发展与进步。目标实施的保障措施主要有以下方面：

外部机制体制建设需要多个政府部门和社会机构的参与和合作。为了推动教育体制改革，国务院需要牵头并修改相关法规。同时，中央政府及其下设部门应合作制定校企合作促进法、学生顶岗实习管理规定等具体措施。地方政府则应根据上述法规制定相应的地方法律法规，与宪法和法律相衔接，确保各项规定相互衔接。

借鉴以往的经验，我们可以考虑将教育部与人力资源和社会保障部合并或者分别开展职业教育。这样做有利于整合资源，减少重复办学，提高效率。同时，我们还应设立独立的技能鉴定机构，统一管理和置换学历证书和职业资格证书，确保评价和认证的公正性和可信度。

在相关法律法规的实施过程中，应委托法院具体行使仲裁权，以避免监守自盗的问题。标准和资格框架的制定和仲裁工作可以交由制定委员会负责，但是最终裁定权应由法院保留，以保障公正性和权威性。

最后，如果涉及法律纠纷或违反法律法规，应由法院做出裁决。这样可以确保教育体制改革的法治化和规范化，为各方当事人提供公平的解决途径，维护教育体制改革的顺利进行。

通过以上措施和机制的建立，我们可以促进外部机制体制的完善和发展，推动教育体制改革的深入进行，为培养高质量的人才打下坚实的基础。同时，这也需要政府部门和社会机构的持续合作和努力，共同推动教育事业的发展。

3. 职业教育体系内部机制体制建设的目标

现代职业教育体系的核心问题是确立和维护"体系—主体"之间的关系。在这个体系中，"体系"由本体和延伸体组成，而"主体"则包括教育行政管理人员、科研人员、教师和学生。为了协调体系内部各方的关系，现代职业教育体系需要建立外部体制机制来调整和引导各方之间的互动。为了确保现代职业教育体系的有效运行，可以采取以下几个重要的措施：

首先，政府在这一过程中起到引导和协调的作用。教育部和人力资源和社会保障部可以合并，发挥内部行政功能，促进不同职业教育类型之间的沟通，并与其他教育类型建立关联。此外，政府应提供就业市场机制、学籍管理和考试制度的保障，充分尊重学习者的个人意愿，促进各个职业教育层次之间的衔接和转换。

其次，内部组织的系统建设也是至关重要的。这可以通过建立内部接口单位、外部接口单位和内外部缓冲单位来实现。举例来说，可以设立校企合作联络委员会，负责校企共建课程、专业、师资、管理体制、就业和人才培养模式等方面的事务。此外，职业教育实训基地建设也可以采取多种形式，包括学校内部的实训基地、引入企业合作的校内实训基地，以及由政府主导的集约化实训基地等。

最后，内部法制、标准和规章的系统建设也是非常重要的。这意味着需要解决学生顶岗实习管理规定与学籍管理规定之间的冲突等问题。通过建立明确的法律法规、标准和规章，可以为职业教育提供更好的管理和指导，确保各方在体系内的行为符合规范，并为学生的实习和学习提供更好的保障。

总之，现代职业教育体系需要解决"体系—主体"关系的核心问题，通过政府引导和协调、内部组织的系统建设，以及内部法制、标准和规章的系统建设等多方面的保障措施来实现。只有在这些措施的支持下，现代职业教育体系才能够更好地发展，并为社会培养更多的高素质人才做出贡献。

4. 职业教育体系本体的建设目标

现代职业教育体系的本体建设旨在解决组织层、表现层和规则层之间的关系问题，提高它们之间的和谐耦合程度。组织层的建设目标包括要素、层次、类型、比例、结构、规模、布局、管理体制等方面的考虑。这意味着职业教育机构需要全面考虑资源配置、组织结构、管理体制等因素，以使其能够有效地实施教育任务。

同时，表现层的建设目标涉及建设目的、教育特色、质量水准、品牌战略和教育功能等因素的提升。这意味着职业教育机构需要在教育理念、教学方法、师资培养等方面进行创新，以提供更具竞争力和适应性的教育服务。另外，规则层的建设目标包括建设理念、指导思想、理论建设、教育规律、法律法规、学校教育制度和评价标准等方面。这意味着职业教育体系需要建立科学的规范和评价体系，为职业教育的发展提供有力保障。为了推动职业教育改革，需要依托重要的改革项目。这包括调整结构，改革教育教学模式，增加投入，内部体系建设，拓展附属功能，拓展社会服务功能，提升质量，融合企业文化和校园文化，加强理论建设及创新管理制度。通过这些改革措施，可以推动职业教育的创新和发展，提高其适应社会和经济发展的能力，从而为培养更多高素质的职业人才做出贡献。

然而，本体层面的建设也面临着一些挑战，其中一个是如何解决改革项目之间的独立性和衔接性问题。相互独立意味着改革项目之间不能冲突或交叠，而相互衔接则要求改革项目之间具有接口和前后传承的关系。

为了更好地理解这个问题，下面举一个例子。假设其他项目的目标都是为了提升职业教育的质量，那么可以通过子项目来完善其他项目的空白区域。例如，改革质量控制体系、建立督导体系和标准等子项目可以为质量提升项目提供支持。这样，各个改革项目之间就能够相互衔接，形成一个有机的整体。

因此，现代职业教育体系的本体建设需要综合考虑组织层、表现层和规则层的建设目标，并解决改革项目之间的独立性和衔接性问题。只有通过协调各个方面的努力，才能够推进职业教育的改革发展，提高教育质量，满足社会对人才的需求。

5. 职业教育体系延伸体建设目标

现代职业教育体系延伸体的建设主要关注解决两个关系问题，即"体系本体—延伸体"和"延伸体—主体"。其中，"体系本体—延伸体"是更主要的问题，涉及组织层、表现层和规则层三个层次，需要解决内部的体系化问题和层次之间的衔接问题。

在解决"体系本体—延伸体"问题时，首先需要进行组织层的体系化建设。这包括明确职责分工、建立科学的组织结构和流程，并完善人员配置和管理机制。只有通过有效的组织管理，才能确保职业教育体系能够顺利地运转和发展。

其次，需要关注表现层的体系化问题。这涉及教育内容和课程设计、教学方法和评价体系等方面。通过制定明确的标准和规范，确保教育质量和教学效果的提升。

最后，在规则层面，要建立健全的规章制度和政策法规，明确权责关系和监管机制。只有在明确的规则框架下，才能促进职业教育体系的正常运行和有序发展。

此外，现代职业教育体系延伸体的建设还需要处理三个改革项目，包括相关组织的体系化建设、职业教育功能的拓展和相关法制体系的建设。这些项目之间存在内在的关联，其中相关组织的职业教育功能的拓展是目标，而相关法制体系的建设和相关组织的体系化建设是手段。组织的体系化建设是功能发挥的基础，而相关法制体系的建设则是功能发挥和组织体系化建设的保障。

为了实现职业教育体系延伸体的建设目标，需要建立相关的法制体系。这包括制定和完善职业教育的法规和政策，明确职业教育的目标和任务，加强对职业教育的监管和评估，促进职业教育的质量提升和创新发展。

综上所述，现代职业教育体系延伸体的建设需解决"体系本体—延伸体"和"延伸体—主体"两个关系问题，并进行相关组织的体系化建设、职业教育功能拓展和相关法制体系的建设。只有在这些问题得到有效解决的前提下，才能实现现代职业教育体系的延伸与发展。

第二章 职业本科教育人才培养概述

第一节 职业教育人才培养的特点

职业教育人才培养的特点主要从以下方面探讨：

第一，实践性强。职业教育是一种旨在培养学生的职业素养和技能的教育形式。相较于传统的学术教育，职业教育更加注重实践性和操作性，以让学生在将来的职业生涯中得到更好的发展为宗旨。实践教学是职业教育的核心内容。通过实践教学，学生可以在真实的职业环境中学习和实践，了解职场运作的规则和实操技巧，从而更好地提升自己的实践能力和职业素养。实践教学包含多种教学形式。其中实习是最为常见的一种形式，通过在企业或机构中的实习，学生可以接触到真实的工作环境和工作流程，学习职场中需要掌握的各种技能，同时也能够了解企业或机构的组织文化和运营模式，有助于他们更好地适应未来的职业生涯。另一种形式是模拟实训，通过模拟真实的职业环境和工作情境，让学生在实践中掌握各种职业技能，同时也锻炼他们的应变能力和解决问题的能力。

第二，聚焦行业需求。职业教育作为一种注重实践性的教育形式，其目标在于培养符合行业标准和需求的高素质人才。为确保教育质量和学生成果的实用性，相关的教育机构会与相关行业合作，对所设教学方案与课程内容进行不断调整和改进，以便将学生培养为更受市场和企业认可的人才。教育机构通过与行业的合作，可以了解行业的发展趋势和需求，制定更加符合行业要求的技能培养项目，同时也可以保证教育质量更加贴合市场和企业的实际操作。在职业教育的实践教育环节，学生还需要不断地接触真实的职业场景，提升职业素养和实践能力。

这些措施都是为了提升教育质量和符合市场就业需求，让学生更好地适应未来的职场挑战，顺利开启他们的职业道路。

第三，定制化教育。职业教育作为一种旨在培养学生职业技能和素养的教育形式，注重的是个性化课程和学习方式的设置与调整，以更好地适应不同职业领域的需求。职业教育教学机构会根据不同的职业特征和学生个人特点进行个性化的课程和学习方式的设置，针对性提供各种实践性和有效性教育课程，如技能指导、实践模拟等，帮助学生应对职业领域的挑战。职业教育的课程设置和学习方式的个性化调整体现了重视学生的个性化差异，并可实现更准确的职业定位。在这个过程中，职业教育机构秉承"以学生为本"的教育理念，以学习者为中心，注重挖掘培养学生的潜能，使学生能够尽快适应实际职业环境，达到自己的职业目标。因此，职业教育的个性化课程设置和学习方式的调整，不仅可以提高学习效果和减少过程中的痛苦，更可以确保学习结果和就业水平的实用性，从而为学生的职业生涯带来更多有益的支持。

第四，持续学习。职业教育的目标不仅是通过教学对学生的职业技能进行培养，更重要的是对学生的职业素养进行培养。职业素养是学生在日后职业生涯中所必备的能力，包括适应性、创新能力和学习能力等方面。因此，职业教育不应只关注学生的技术能力，更应该育人为目标，注重培养学生的职业素养。在现实的职业环境中，学生需要面临不断发展和变化的社会和技术环境，因此，职业教育需要贯穿学习生涯，帮助学生不断更新自己的职业知识和技能，以适应职场的变化。教育机构应该加强以实践为基础的教学方式，让学生能够接触到最实际的职场环境，掌握职业技能和技巧，同时也能培养学生的适应能力、创新思维和学习能力，使其在未来的职业生涯中无惧挑战，逐步实现自己的职业理想，并做出更有价值的贡献。

第二节　职业教育人才培养的目标

职业教育人才培养的主要目标如下：

第一，培养具有实际职业技能和素养的人才。职业教育作为一种重要的教育模式，其主要目标在于培养学生成为具有一定职业素养和技能的人才。职业教育的核心在于通过实践教学，来帮助学生在真实的职业环境中掌握各种技能，并了解职场运作的规则和实操技巧，从而提升他们的职业素养。实践教学不仅可以传授职业技能，更重要的是能够培养学生适应不同职业环境和需求的能力，提升他们在职场中表现出色的潜力。职业教育致力于培养适应市场和企业需求的人才，不同于传统教育的重视专业知识的传授，它更加注重职场实践和经验积累。因此，职业教育不仅是学生职业技能的培养，同时也是为学生提供职业素养的重要途径，如职业精神、沟通技能、团队协作等。只有通过职业教育的培养，学生才能更好地适应今后的职场挑战，更加出色地实现自己的职业规划。

第二，推动职业发展与行业升级。随着职业需求和市场变化的日益复杂，职业教育也随之演化成一个跨学科的教育体系，致力于为学生提供高质量的技能培训和素质教育。职业教育旨在为学生赋予有关业务的专业技能和具备职业素质，树立学生在职场中的竞争力和价值，同时促进职业领域的发展和行业的升级。通过高水平的职业教育培养出来的人才，能够更好地承担职业领域的挑战，为经济和社会带来更多贡献。职业教育子系统覆盖面广泛，如技能培训院校、职业技能培训中心和职业技能鉴定机构等，每个门槛都为往后职业领域培训专业人才。职业教育还通过技术演进和教育资源配置，带动了产业的发展和行业结构的改变，提高了各类职业人才素质，促进了经济转型和社会进步。

第三，促进社会经济的可持续发展。职业教育的目标不仅仅是为了满足当前行业的需求，更是为了未来社会经济的可持续发展做出贡献。职业教育旨在培养具备实践技能、创新意识、创业精神和社会责任感的人才，为社会的长期发展注入新的活力和动力，这种可持续性发展的思维，越来越被人们所重视。在未来的职业环境中，不仅需要掌握专业技能，而且需要具备创新思维和应对不断变化的挑战和机遇的能力。职业教育应当根据未来发展趋势和需求，通过创新教学方式、拓宽教育资源、培养学生实战能力，来更好地满足未来的需求。同时，应该注重培养学生的社会责任感和环保意识，让学生在职业领域中实现自我价值的同时，承担起社会责任，推动社会经济的可持续发展。

第四，促进个人全面发展。职业教育的核心目标不仅包括培养学生成为具有一定职业技能和素养的人才，更需要注重培养学生的人文素质、个性发展和独立思考能力。职业教育注重贯彻人本教育思想，以学生全人发展为出发点，旨在让学生在实践过程中不断提高自身素质，使其能够在工作和生活中做到全面、多元化的发展。职业教育应该以职业技能和人文素质的相辅相成为宗旨，以盘活人的潜能和探索新知的精神为核心，相互促进学生的职业、人格发展。特别要注重培养学生的个性发展和独立思考能力，通过多元化的教学方式，激发学生创造性思维，让学生具备在复杂环境中独立思考和解决问题的能力。这种教育模式可以为未来的职业发展提供坚实基础，帮助学生在工作中更好地认识自我和他人，以及在团队协作中更好地展示自己的个性和能力。

第三节　职业教育人才培养的模式研究

一、"双元制"人才培养模式

自高校扩招以来，在经历了一个外延式快速扩张阶段后，我国高等教育基本完成了由"精英教育"向"大众教育"的转变。高等教育的大众化实质上是"高等教育在规模、速度等方面发生的巨变及其所引起的高等教育观念、目标、内容、结构、学术标准、功能、办学形式以及管理制度等方面的相应变化",它不仅促进了地方院校的迅速发展,而且也使社会需求与高校发展之间的关联度空前提高。"立足地方经济社会的发展,培养应用型技术人才,这是高等教育大众化背景下,地方高校争取更大生存空间和发展机遇的现实选择。"[1]

(一)校企合作——地方高校人才培养模式创新的趋势

校企合作,培养应用型人才,这是近年来地方高校人才培养模式创新的重要趋势。通过校企合作,学校将企业需求引入教学体系,强化学生的职业素养,由企业工程技术专家与学校教师组成教学团队;强化学生在企业的实践教学环节,实行教学内容真题真做,把为企业服务过程中遇到的实际问题直接引入教学之中,让学生直接参与科研训练。

按照企业的参与程度,校企合作可以分成不同层次,其中以企业直接参与人才培养的全过程效果最为明显,这种校企合作称为校企"深度合作"。例如,上海电机学院与企业深度合作,把企业人士引入学校。学校通过开展"技术本科人才培养模式创新实验区"建设,与企业共建二级学院,整个过程中,"学校搭台,二级学院唱主角,使校企结合真正符合二级学院的需求,使校企结合落到实处"。盐城工学院拓展中外合作办学领域,与国际品牌企业美国UGS公司(西门子公司美国UGS分部)进行合作,成立"优集学院",把校企合作培养创新人才的渠道延伸到国际先进制造企业。在合作中,学院与UGS公司建立了校企共同参与人才培养全过程的运行机制。

校企深度合作,可以促进地方高校按照社会需求的变化,创新人才培养模式,使人才培养特色鲜明:一是个性化,突出开拓创新精神和集成创新能力的培养,使学生具备适应不同职业岗位所需要的工程应用能力;二是层级性,明确人才培养不同阶段的要求,提供真实的创新创业环境;三是整合性,注重知识内容的相互渗透和融合,强化课程间的衔接,提高课程综合化、模块化程度;四是复合性,

---

[1] 胡梦漪,陈友广."双元制"人才培养模式本土化探索[J].扬州大学学报(高教研究版),2013,17(2):17.

根据行业对人才职业性、岗位性要求，把企业文化融入教育文化，提高人才的岗位适应能力和未来职业迁移能力。

校企合作已经成为许多地方高校推进人才培养模式创新，促进学生与企业实践有机结合，提升人才培养针对性和实效性的重要举措。目前校企合作也存在许多瓶颈问题，其中最为关键的问题就是企业动力不足。以校企深度合作，推进地方高校人才培养模式创新，还需要立足于高校实际，借鉴成功的经验，"双元制"人才培养模式对此具启发意义。

（二）借鉴经验——"双元制"人才培养模式的启示

"双元制"，也称为"双轨制"，是在学徒培训制度基础上发展而形成的。"双元制"中的"一元"指学校，另"一元"指企业，其基本内涵是受教育者在职业学校学习文化和基础技术理论，在企业接受职业技能培训，两元结合完成职业教育任务，它实质上是校企合作办学，工读交替进行的办学体制和教学模式。"双元制"注重人才培养过程中企业与学校、理论与实践的深度融合，在人才培养中体现出企业与职业学校的"双元性"在培养目标上合二为一，在具体的培养途径中一分为二，表现出明显的"双元性属性"，其目的就是营造一切有利于学生在企业氛围中成长的条件，使培养的人才适合企业的需要，在整个培养过程中，学校与企业作为两个"元"共同完成培养任务，培养对象兼有作为学生和企业准员工的双重身份，培养环境是面向企业的真实生产环境。

（三）融会贯通——"双元制"模式本土化的路径

地方高校通过校企合作，培养应用型人才，是要实现人才培养由传统的知识传授向知识传授与能力培养并重的转变，以工科院校为例，就是达到三个结合，即立足行业，面向企业，实现校内培养与企业培养相结合；根据学生特点，实现特色培养与个性化培养相结合；按照"大工程"教育观，实现工程素养培养与综合素质培养相结合。"双元制"模式应该是实现这一目标的有效模式。

融会贯通是实现"双元制"模式本土化的路径，在这方面，高职院校进行了不懈的实践探索，并取得了许多成功的经验。例如，健雄学院自2000年引进德国"双元制"，积极进行校企双元人才培养模式创新，将这种以"产学结合、工学交替"为精髓的人才培养模式成功消化，把"双元制"拓展到与德资企业以外的合作，把德国"双元制"的中职层次提升到高职层次，创立"定岗双元培养模式"，真正体现了"双元制"教育的本质特征。结合高职院校的成功范例，地方高校可以从以下方面探索"双元制"本土化的路径：

第一，把握本质，提升层次。在引进"双元制"过程中，既要与德国企业进行"双元制"合作培养，同时还要将视野转向更多的内外资企业，要从办学思路、培养机构、学生身份、教师组成、教学内容、课程时间、经费来源等维度，把握德国"双元制"的本质特征，推进德国"双元制"本土化的改革。在"双元制"本土化改革中，可以通过实施更加灵活、有效的方式，充分利用现有学校资源，构建在"双元制"本土化人才培养模式下的、面向区域的、更高层次的教育体系，扩大"双元制"人才培养模式的受益面。

第二，就业导向，能力为本。专业导向是以学科课程逻辑来组织教育的模式，也是一般本科教育历来的标准，然而，专业导向难以适应产业结构变化的需要。在"双元制"模式的实施过程中，要注重使一般本科教育从专业导向型转变成就业导向型，构建起以就业能力和创业能力培养为主线的评价体系；要注重坚持学生的就业创业能力培养与教师工作业绩相结合、国家标准与行业标准要求相结合、专业评价与企业认可相结合和行政督导与技术支持相结合。

第三，"双元"并进，制度先行。突破传统的学校导向、"一元"独进的办学理念，坚持校企长效合作，实现高校与企业的"双元"并进，构建校企紧密合作、效益良好的制度保障体系。既要利用地方高校本身具有的地方优势，也要充分利用政府在校企合作过程中的引导作用。地方政府要高度重视校企互惠互动机制的建立，主动为校企合作"牵线搭桥"，制定相关制度，促进学校与企业"联姻"，健全"双元制"本土化人才培养模式下的校企合作制度保障体系。

第四，培育亮点，形成特色。在"双元制"培养模式的试点过程中，地方高校还要注重培育"亮点"，以"点"带"面"，最终促进"双元制"本土化，形成自身的办学特色。"亮点"既包括与人才培养直接关联的主流性质的关节点，如学科专业建设、科技研发、教书育人、校园文化等；也包括与人才培养只有间接关联的非主流亮点，如行政管理、后勤服务等。"双元制"本土化过程中，要通过不断总结、持续投入、典型引领、渗透全局和塑造品牌，使"亮点"转化为具有全局性影响的独特、稳定、优质的特征，进而形成地方高校自身人才培养的特色。

总而言之，避免雷同，彰显特色，推进地方高校的特色发展与科学发展，最终体现为地方高校人才培养模式的创新。任何一所高校在办学发展过程中都有独特的历史文化背景，既有自己的薄弱环节，也有自己的比较优势，人才培养模式创新也应有自己的特色。"双元制"人才培养模式是地方高校借鉴学习国外人才培养经验的一种创新，模式的有效性取决于高校对国外经验的本土化程度，模式创新的最终目标是使培养的人才更加符合经济社会发展需要，使学校内在优势与比较优势转化为整体办学实力与核心竞争力。

二、"TAFE"人才培养模式

澳大利亚的职业教育 TAFE 体系被认为是一个成功的职业教育模式，它突破了传统教育的局限，建立了一种终身教育模式。相比之下，我国的高职院校可以借鉴 TAFE 的经验，结合证书教育、学历教育和学位教育，注重实践和技能培训。TAFE 教育的优势在于其注重实用性和专业化。TAFE 的课程与工业发展密切相关，因此使学生具备就业的优势。因此，我国的高职院校应该加强与行业的合作，根据当地的经济发展需求，开设与实际工作需求紧密相关的专业课程，以提高学生就业竞争力。TAFE 教育注重能力目标的培养，通过实践和案例教学，将理论知识与实际操作相结合。这种教学模式使得学生能够真正掌握所学知识，并能够应用于实际工作中。高职院校也应该注重实践教学，通过实习、实训等方式，培养学生的实际操作能力。

TAFE 的另一个特点是它的社会化办学和灵活管理。TAFE 为学生提供了灵活的学习和培训机会，使不同阶段的学生都能够获得所需的知识和技能。高职院校也应该借鉴这种模式，设立灵活的学制和学习形式，满足学生的不同需求。然而，要在我国实施 TAFE 模式，并不是简单地照搬。需要因地制宜，结合当地经济发展和高职院校的具体情况，注入新的活力，实现持久健康发展。只有这样，才能培养出符合社会需求的高素质人才。

综上所述，澳大利亚的 TAFE 职业教育模式是成功的，它通过突破传统教育的局限，建立了终身教育模式。我国的高职院校应该借鉴 TAFE 的经验，注重实践和技能培训，结合证书教育、学历教育和学位教育，加强与行业的合作，培养符合社会需求的高素质人才。

三、"教学工厂"人才培养模式

"教学工厂"是由新加坡南洋理工学院院长林靖东先生提出的一种教学模式，其模式主要是以学校为本位，利用当前现有教学系统，通过合理配置教学资源为学生营造一个实际企业环境。通过这样的教学模式，可以实现学生在校学习过程中，更多地参与到生产实践中，或者参与到具体的项目任务中，接受系统化、完整化的基础理论知识和项目经验。同时，"还可以让学生参与岗位工作，对其开展技能培训，最终实现理论教学与实践的融合，促进高职学生素质和能力的全面发展"[1]。下面以数字媒体应用技术专业为例，探讨"教学工厂"人才培养模式：

（一）"教学工厂"人才培养模式的准备工作

高职院校构建"教学工厂"人才培养模式，重点在于构建好企业化的教学资源的配置，需要做好以下方面的工作：

第一，校内企业化管理制度的建立。在校内实施企业化管理，让学生在拟企

---

[1] 董娜，陈健峰. 高职院校"教学工厂"人才培养模式的实践探讨[J]. 现代营销（创富信息版），2018（12）：192.

业化的环境中得到真实的企业化影响，尽早融入和感受企业文化与公司化管理的环境，避免教学与企业实习或入职的重复与脱节现象，更好地让学生了解学有所用的真谛。

第二，项目来源与执行保障。项目来源要保证其真实性，可从企业、教师参与、众包平台、学生个人多方引进，并为具体教学工作制定有效的执行保障，使依托的项目教学与学校人才培养目标形成统一。

第三，师资的配置与保障。分析项目各岗位人才需求，为具体的人才培养工作配置专业化的师资。聘任拥有丰富工作经验的教师和企业兼课教师。定期安排和制定鼓励政策派教师到企业学习交流，了解最新动态，再反馈到教学中，培养更多的"双师型"教师。

第四，工厂化学生职业能力的培养方案。通过对企业和管理制度的分析、对各类项目的剖析及学情分析，围绕提高学生职业能力和职业素养培养制订可操作性的工厂化人才培养方案。

第五，有效的考核机制。为及时反映"教学工厂"模式的教学实效性，构建起合理化的考核机制。尝试将项目的部分盈利与考核挂钩，以此更好地激励学生积极实践。

第六，生产性实践的探索。通过设计类众包平台完成项目的投标和中标，这一过程贯穿了师生协同进行生产性实践环节，既锻炼和培养了学生的项目实践能力，中标后产生的利润奖励又在一定程度上提升了实践信心和创业热情。

（二）"教学工厂"人才培养模式的实施

第一，项目化教学。以真实项目带动整个教学工厂的运行。项目来源包括教师所做项目、企业委托项目、众包平台项目、个人渠道项目等。教师通过分享项目经验，逐一剖析整个项目让学生掌握关键内容；企业和众包平台项目能较好地锻炼学生的项目实战能力及解决问题的能力；个人项目能很好地发掘学生的兴趣爱好和潜力。通过多元的项目教学，学生能够"理实一体"切身感受市场的需求与客户的诉求及自我能力的开发。

第二，项目的教学管理与执行。项目的教学管理是保障项目顺利执行和可持续发展的过程，包括项目实施的计划、组织、协调、质量控制等诸要素，各个要素统筹有序运行，才能保障项目教学的有效执行。

第三，构建岗位化培养模式。根据岗位需求进行项目的班组划分，制订相应的人才培养方案；针对不同的学生类型进行因材施教，更有明确的学习目标；组长负责制，推进项目的实施与监督；结合岗位标准制定统一的考核标准，进行阶段性检查和终极考核。

（三）"教学工厂"人才培养模式的运行

第一，双轨制的执行。须充分利用好现有教学资源及师资力量。以项目为中心，形成新项目的开发实践和老项目的优化深入双向发展，师生在这样一个双向发展中循环不断地积累经验进行职业能力的培养，确保项目化教学及"教学工厂"模式的可持续性。

第二，专业无界化。专业无界化是以项目为核心，构建师资与教学条件的无界化。"教学工厂"的实施离不开无界化的资源支持。以项目为中心，通过构建系系联动、生生互通的资源管理，为教学提供有效的协调与保障。形成"无界化"团队和"无界化"班级，实现对教学资源的合理利用。

第三，建立经验积累与分享平台。涉及项目资源库、电子教学、学生资源、校企互联、求职招聘、互动问答等模块。通过平台使教师、学生、学校、企业四方都能受益，实现资源与信息的共享、合作与机遇最大化。

四、"工学交替"人才培养模式

工学交替人才培养模式主要是指以职业人才培养为主要教学目标的一种教育模式，主要培养学生在相关职业方面的全面素质、职业技术应用能力及提高就业竞争力。充分利用企业和学校两种不同的教学环境及资源，通过高职院校和企业之间的双向沟通与介入,将学生在校内所学习的理论知识及职业技能可以有效地应用于企业当中。这种培养模式学生在校内是以理论知识文化学习为主,在企业内则是以实际操作与工作为主。学生在学习过程中既可以获得相应高职学历,又能够经历体验职业培训。这种模式对学校和企业而言是共赢的局面,能够达到互惠互利和优势互补。企业最终对于学生的录用是具有双向选择的,学生在企业中所学习的过程,企业都会以正式员工的要求来进行的,这对学生今后发展有着极大的促进作用。

(一)工学交替人才培养模式的价值

首先,工学交替人才培养模式能够快速提高学生职业技能。"在社会发展过程中,具备高技能的人才在社会人力资源体系中占有重要的地位。"[1]工学交替人才培养教学模式的实施可以有效帮助学生进行针对性的学习,进而可以更快适应岗位,提高职业技能,最终培养出社会所需要的人才。其次,这种模式对于企业而言也是培养自己所需人才的一种途径,可以让自己的新员工更快地适应岗位,这种教学模式的实施过程始终贯穿着职业精神与素养,同时也更加关注学生的个性发展,在教育过程中能够让学生形成正确的价值取向,体现了以人为本的教学理念。

(二)高职院校中工学交替人才模式的实施策略

第一,教学主体多元化。首先,学校与企业要密切结合,形成双元驱动的形式;其次,让理论知识能够有效地与实践相结合,要调动企业培养急需人才的欲望与动机,促进企业利用校内人力资源的积极性,进而实现双方共赢。

第二,建立科学合理的教学与理论实践体系。我国高职院校的课程设置基本是按照层次来划分的,这种以学科知识内容为中心的模式过于重视知识的记忆与传授工作,有助于学生打好基础理论知识和发展学生专业认知能力。但是这些很多都是脱离实际的,各自学科是自成系统但是相互之间缺乏联系,延长了学生的

---

[1] 龙佳佳.高职院校工学交替人才培养模式研究[J].科技风,2019(2):35.

学习时间。因此，各类高职院校应当让理论知识课程体系能够与实践操作能力的培养相结合。高职院校可以根据企业需求来设置相应课程，同时再根据各层次学生的需求来设置理论方面的内容进行学习。

第三，建立校内校外双基地。高职院校实行工学交替人才培养模式应当建立校内校外双基地，同时配备双师型的教师队伍。这样可以让校内校外基地相互之间进行补充，发挥出各自所具有的独特优势。校内基地的建设应当具备一定的规模性、仿真性及超前性。

综上所述，在高职院校中应用工学交替人才模式可以让校内外的资源进行整合，能够为学生提供一个良好的内外部的学习成长环境。在校内，学生可以通过学校的课程学习基础理论知识和基础的实践能力；在校外，学生可以通过实际工作来获得相应的经验，进而更快地促进综合素质的提高。

五、"订单式"人才培养模式

（一）"订单式"人才培养模式的特征

校企签订用人及人才培养协议，形成委托培养关系，这意味着学校与企业之间建立了紧密的合作关系。双方共同制订符合各方利益的人才培养计划，旨在培养符合企业需要的高素质人才。这将为学生提供更广阔的发展空间，同时也为企业提供了更多高质量的人才资源。

为了提高教育效率，学校和企业充分利用各自的教育资源共同培养人才。学校可以提供专业的理论知识和学术指导，而企业则可以提供实际的工作经验和实践机会。通过这种合作方式，学生能够更好地理解理论知识，并将其应用到实际工作中，从而提升自己的综合素质和就业竞争力。

针对岗位需求进行实践能力培养是校企合作中的重要环节。学校和企业可以共同开展顶岗工作和仿真实训，让学生在真实的工作环境中学习和实践。这种培养方式不仅能够提升学生的实际操作能力，还能够培养他们的团队合作能力和问题解决能力，使他们更好地适应将来的工作岗位。

为了保证人才培养的优质高效，企业可以参与人才质量评估。企业了解学生的实际能力和潜力，可以提供针对性的评价和反馈，帮助学校更好地调整培养方案和教学方法。这种评估机制能够及时发现问题并加以改进，提高人才培养的质量和效果。

企业按照协议安排学生就业，实现学以致用。通过校企合作，学生毕业后能够顺利地进入企业工作岗位，将所学知识和技能应用到实际工作中，实现自身的成长和发展。同时，企业也能够获得符合其需求的高素质人才，促进企业的发展和竞争力提升。

总之，校企合作在人才培养中起着重要的作用。通过签订协议、共同制订培养计划、利用教育资源、实践能力培养、人才评估和顺利就业等方式，学校和企业可以形成良好的合作机制，实现优质高效的人才培养目标。这种合作模式既符合学生的发展需求，又满足企业的用人需求，为社会经济发展做出了积极贡献。

（二）"订单式"人才培养模式的构建

1."订单式"人才培养模式构建的条件

实施"订单式"教育的前提条件是企业需求和支撑的充分参与。这意味着大量的企业需要积极参与到教育过程中，提供实践机会和支持。

企业与学校合作的基础是学校的办学特色、实力和声誉。只有学校拥有良好的办学特色和声誉，才能吸引到更多的企业合作伙伴。而学校的实力，包括师资力量和教育资源的丰富程度，也是吸引企业的重要因素。

实施"订单式"教育模式需要完善的实践教学基地作为基础条件。这些实践基地可以是企业内部的训练场所，也可以是学校建立的与企业合作的实验室或工作室。这些基地提供了学生实践能力培养的场所和机会，为他们提供与实际情境接触的机会。

构建"订单式"教育模式需要具备"双师型"教师队伍。这些教师不仅需要具备丰富的专业实践经验，还需要掌握对学生的岗位指导能力。这样的教师队伍与企业的合作紧密结合，能够更好地培养学生的实践能力和职业素养。

"双证融通"的教学体系需要调整课程内容和教学大纲。注重学生的实践能力培养和职业资格证书的融合。通过调整课程，将理论知识与实践操作相结合，使学生能够在学习中获得实践经验，并获得相关的职业资格证书。

建立校内实践教学基地可以提高实践教学的质量，并解决学生在企业实习中遇到的问题。这些基地的建立使得学生在校内就能够接触到实际的实践环境，提高学习效率和实践能力。同时，学生可以在校内实践基地实习，减少了在企业实习过程中可能遇到的困难和挑战。

总之，实施"订单式"教育需要企业的参与和支持，以及学校的办学特色和实力作为基础。同时，完善的实践教学基地和具备"双师型"教师队伍也是不可或缺的条件。通过调整教学体系和建立校内实践教学基地，可以提高教学质量，为学生提供更好的实践机会和培养平台。

2."订单式"人才培养模式构建的机制

（1）建立调研论证机制，以解决信息不对称问题。在建立"订单式"人才培养项目时，学校需要了解合作愿望企业的整体市场情况和企业本身情况。不充分的调查论证导致了一系列问题，所以学校需要建立合作企业的信息库，收集更多的企业合作信息，并进行详细的调查和可行性论证。

（2）建立选拔和淘汰机制，实现动态管理。在"订单式"人才培养模式中，培养对象的确定应经过严格的选拔，并考虑双方的利益，实现共赢。在培养过程中，应根据学生的学习情况及时淘汰不适应的学生，建立逆向激励机制。

（3）建立培养方案的外部论证机制，兼顾社会适应性和合作企业需求。为了避免培养内容过于单一，需要建立外部论证机制，由企业和学校联合制订方案，并聘请专家进行论证，提出修改意见和建议，最终完善培养方案。

（4）建立长效机制，形成多层次、多形式的"订单式"人才培养模式。学校应根据不同企业的要求，探索不同层次和形式的"订单式"人才培养模式，包括长期、中期和短期培养，针对不同能力和企业文化的培养，以及对企业员工的再培训。

六、"现代学徒制"人才培养模式

现代学徒制作为高职院校深化产教融合、推进知行合一、全面提升技术技能人才培养的重要举措，得到了政府和院校的高度重视，虽然在试行的过程中取得了较多的成效，但也面临众多的困境需要我们解决。

（一）"现代学徒制"人才培养模式推广的意义

改革开放40多年来，我国经济得到了快速发展，在此过程中，我国人才需求结构也发生了一定程度的变化，应用型技能人才已经成为当前社会各领域急需的人才。作为我国应用型技能人才培养的主要阵地，高职院校在专业设计、教学模式、教学内容等方面都在进行着一系列的改革，紧跟社会人力资源需求的变化，调整办学思路，创新办学理念，为我国现代化建设培养了一大批应用型技能人才。在此过程中，现代学徒制人才培养模式的构建，完成了我国高职院校在传统人才培养模式上的创新。凭借政府在政策、资金等领域的支持，企业与高职院校形成了较为广泛的人才培养合作模式，利用企业所提供的实践平台，为高职院校学生提供符合要求的实践"导师"，完成现代学徒制人才培养模式中的各项考核要求。由此可见，现代学徒制人才培养模式的推广具有重要的意义。

第一，有利于养成现代人才培养理念。在过去很长的一段时间里，我国高职院校在人才培养方面十分单调，缺乏灵活的人才培养理念，与政府、企业之间的配合不够密切，不仅导致高职院校在人才培养方面的人力成本支出过高，而且导致人才培养与企业需求之间存在巨大差距。现代学徒制人才培养模式强调以企业为第二教育基地，为企业进行针对性的人才定制，在保证学生个人权益的同时，也为企业提供了高质量的应用型技能人才。基于现代学徒制人才培养模式的实际效果，现代人才培养理念得到了全社会广泛认可。

第二，加快高职院校人才培养模式的改革。高职院校的人才培养以社会需求为导向，从近年来社会快速发展对不同领域人才需求的变化来看，高职院校所执行的人才培养模式已经无法满足其要求，高职院校人才培养模式改革势在必行。现代学徒制是以校企合作为指导的新型人才培养模式，由高职院校负责人才理论培养、企业参与实践培养的全过程，政府在此过程中提供政策与资金支持，保障相关过程的顺利开展。相比高职院校传统人才培养模式，现代学徒完成了人才培养过程中理论教学与实践教学的结合，为高职院校毕业生顺利实现就业提供了保障。

（二）"现代学徒制"人才培养模式的构建

针对高职院校在现代学徒制开展过程中存在的问题，以及对现代学徒制的深入分析，在高职院校实施现代学徒制的过程中，需要对以下方面加以关注，以提高现代学徒制的实际应用效果，并完成高职院校人才培养模式改革工作：

重建课程体系。为了满足社会各行业对人才的实际需求，高职院校采用现代学徒制人才培养模式，兼顾了职业性和高等性的特点。为此，学校确定了人才培养目标，并制订了相应的培养计划。在专业设置方面，高职院校需要进行全面的社会调研，明确不同专业人才培养的关键环节，实现理论和实践的有机结合。同时，还需提出新的课程标准体系，为现代学徒制的实施提供指导。在传统课程体系中，不是完全摒弃原有内容，而是选择性地保留，并在此基础上进行创新和重建。此外，现代学徒制人才培养课程体系需要综合考虑专业知识、职业技能、职业素养、职业道德、职业态度、人文素养等多个方面的内容，以构建新的课程体系中各领域之间的逻辑关系。

第二，校企共建师资队伍。鉴于教师和学生之间不只是师生关系，更是师徒关系，使得师生关系更为紧密，这就要求建立一支高水平的师资队伍来共同培养学生。通过提高待遇进行激励，选拔和培养一支专业水平和教学能力都较强的师资力量。加强对企业人员的教学基本功的培训，职业教育理念的深化，通过企业实践强化教师的技能水平，参与企业管理，更新理念。完善相关制度，使互派人员成为一种常态，使企业和学校达到双赢，不断提高师资队伍水平。通过结对、交流活动等，在学校和企业组建双导师团队，进一步促进现代学徒制人才培养工作的开展。

第三，创新管理机制。在日常管理方面，成立学校与企业共抓共管专门机构，制定相关管理制度，强化人才培养质量监控，综合构建人才评价体系和考核标准，通过第三方进行跟踪调查人才培养质量。通过协同创新管理机制，提升学校和企业的主动性，增强人才培养的责任感，使教学工作和技能传授变成一种自觉。学生在企业实习期间，撰写周报告和月报告，由学校老师和企业师傅共同评定，加以指导，以激励学生不断进步。企业和学校可以共同开展技能竞赛等多种形式的活动，既提升了学生和企业员工的技能水平，也加强了双方的联系，提升了管理效能。积极实施多元化质量评价体系并进行过程管理。

第四，完善绩效考核评价体系。为了实施现代学徒制，需要采用多种形式的监督和评价制度来评估绩效。高职院校应该综合考虑自身的教学体系和教学理念，成立一个专门负责现代学徒制的工作小组。这个小组由企业、学校和专业教师的成员组成。在现有的教学评价体系基础上，将企业的绩效考核制度融入其中，对教师、学生、学校和企业分别进行绩效考核。对需要考核的项目详细规划，以指导现代学徒制工作的开展。

第五，明晰各方权责。为确保高职院校现代学徒制人才培养模式的规范性和合法性，有必要利用法律的绝对约束力来明确各方的权责。除了在现有合同上增加与师父、学徒相关的条款外，还应要求企业为以学徒身份参与企业生产的学生提供报酬。同时，参与学生培养的师父应享受一定的岗位补贴，并为表现良好的学徒提供就业岗位等奖励。通过这些措施，可以有效保护各方的权责，在法律的约束下开展相关工作，同时也能提高学生和师父的积极性和主动性。

（三）职教本科现代学徒制人才培养模式

现代社会的发展使得各行各业对人才的需求变得更加精细和复杂。在这样的背景下，职业教育本科培养的人才需要具备广泛的综合能力。他们既需要掌握扎实的知识理论，又需要具备实践技能。然而，目前普通本科学生在实践技能方面存在欠缺的问题，而高职院校学生则需要加强知识理论的培养。因此，职业教育本科更好地综合了普通本科和高职院校的优势。

职业教育本科的发展推动了职业教育体系的完善。它能够满足人们对更高层次职业教育的需求，改变了高等教育结构失衡和大学生就业难的问题。职业教育本科的目标是培养高水平的技术技能人才，以满足高新技术企业转型升级的需求。为此，职教本科的专业设置注重局域经济的重点产业和行业，使得培养出的人才能够更好地适应实际生产和实践技能并重的需求。

这些经过职业教育本科培养的人才为经济的发展和转型升级提供了高水平的技术技能支持。他们不仅具备扎实的理论知识，还拥有丰富的实践经验，能够迅速适应不断变化的市场需求。他们能够为企业提供创新能力和解决问题的能力，推动企业的创新发展。

综上所述，社会发展导致了对人才需求的精细化和复杂化，而职业教育本科的发展则满足了这一需求。通过综合普通本科和高职院校的优势，职业教育本科培养出具备广泛综合能力的人才，他们既具备知识理论，又具备实践技能。职业教育本科的发展不仅推动了职业教育体系的完善，还改变了高等教育结构失衡和大学生就业难的问题。通过培养高水平的技术技能人才，职教本科有助于满足高新技术企业转型升级的需求，并为经济发展和转型升级提供高水平的技术技能支持。

1. 职教本科与"现代学徒制"教育的融合

职教本科具有独特的职业属性，可以满足当前高新技术企业对人才的需求，从而实现转型与升级的目标。为了达成这个目标，职业教育人需要着重考虑如何创建适合职教本科的人才培养模式。为此，他们可以借鉴现代学徒制的成熟培养模式，通过校企双元主体在招生招工、教学资源、师资共享、教学标准、在岗培养和双元评价等环节的深度融合来实现。

（1）校企招生招工联动。现代学徒制人才培养模式推动了职业教育的转型，从过去的单一主体发展为双元主体模式。这种模式在教育的起始阶段实现了"招生招工一体化"的目标，即通过校企合作将招生、甄选、录取、教学和就业等环节整合成一个统一的方案。学徒在这个过程中具有双重身份，既是学校的学生，又是企业的员工。他们不仅能够接受学校的教学，还能在企业中实践所学知识和技能。同时，学徒还享受学校和企业在教学、奖学金、工资、保险等方面的双重福利。这种双元主体模式的学徒制度为学生提供了更加贴近实际工作需求的培养机会，也为企业输送了更加具备实践能力的毕业生，促进了校企合作的深入发展。

（2）校企教育资源共享。现代学徒制学院是通过校企合作成立的一种教育机构，旨在建立运营和管理机制，实现教学资源的共享。学院整合了校方和企业的资源，包括校方的人才培养体系、教学理念、教学管理、工作室、科学研究等，以及企业的市场开拓、企业文化、企业制度、企业管理、生产设备和技能大师等。

为了能更好地共同开发新技术、新工艺、新规范和典型生产案例，学院通过合作分工的方式，将校方和企业的资源进行整合。同时，学院还制定了职业教育的课程标准和体系，确保学生能够获得全面而系统的教育。

这种校企合作的学习模式中，教学资源是共建、共享、共用和共管的。学生可以接触到来自校方和企业的各种资源，不仅能够学到理论知识，还能获得实践经验。而校方和企业也通过共享教学资源，相互借鉴经验，提高教学水平和生产效率。

通过校企合作成立的现代学徒制学院，为学生提供了更贴近实践的教育环境，帮助他们更好地适应社会需求。同时，学院也促进了校企之间的深度合作，为企业输送了高素质的人才，推动了产业的发展和升级。

（3）教学课程体系重构。现代学徒制的专业设置是根据特定区域的产业特点来确定的，旨在满足当地产业对人才的需求。这意味着学徒制的课程内容设计是基于合作企业的工艺流程和职业标准的。实际的教学过程依赖于企业的实际生产车间，学生将有机会直接参与其中。

为了确保现代学徒制的有效实施，学校和企业需要共同研究人才培养方案，并制定相关的标准体系。这些标准包括专业教学、课程设置、质量监控、师傅选拔、评价考核、过程控制、实训条件和人才培养等方面。通过制定明确的标准体系，可以确保学徒制的高质量和一致性。

此外，学校和企业还应该积极合作，共同促进现代学徒制的发展。学校可以提供相关的理论知识和教学资源，而企业则可以提供实际工作经验和机会，以确保学生获得全面的培养。

总之，现代学徒制的成功实施需要学校和企业的共同努力和合作。通过研究人才培养方案并制定标准体系，学徒制可以为当地产业培养出符合需求的专业人才，从而促进经济的发展和社会的进步。

（4）校企师资互聘共用。教学有序进行离不开机构、制度、体系和场所等资源的支持。然而，关键的资源是优秀的师资队伍。传统高校教师在理论研究和学术领域具有优势，但相对缺乏实践能力。相反，企业师傅擅长工程实践和应用，但其学术理论水平较弱。因此，校企合作是解决这个问题的好办法。通过校企合作，可以组建一支具备学术实践能力和教学经验的师资队伍。

在校企合作中，建议建立双导师机制，实现校企双导师的有序教学和技术研发。双导师机制可以使传统高校教师和企业师傅互相补充，共同培养学生的综合素质和能力。高校教师可以传授学术理论知识，指导学生进行科学研究，提高学生的理论水平。同时，企业师傅可以带领学生进行实践训练，传授实用技能，培养学生的实践能力。

通过校企合作的双导师机制，学生可以获得更全面和实用的教育，从而更好地适应社会需求。这种合作模式不仅可以提高教学质量，还有助于促进产学研结合，加强校企之间的交流和合作。最终，这将有助于提升教育的实际效果，为社会培养更多具备综合素质和实践能力的人才。

（5）工学交替在岗培养。为了促进工程学习和实践的结合，我们需要建立一个健全的工学交替管理制度，并进行监督和检查。这意味着学校和企业需要达成一致，共同制定工学交替的规则和要求，并确保它们得到有效执行。在学生进行工学交替期间，需要明确他们的考核内容和方式，并进行认真的考核工作。这样可以确保学生在实践中得到充分的评价和指导，进而提高他们的技能和知识水平。

学徒期一般为三年，分为学徒、中级学徒和高级学徒三个阶段。在大一学年的学徒阶段，学生将有机会在企业进行实地见习或培训，以了解实际工作环境并获得实际操作的经验。从大一结束到大三上半学年，学生将进入正式学徒期间，他们将进行工学交替学习专业课程。这意味着他们将在学校和企业之间进行交替学习，融合理论知识和实践技能。大三下半学年是高级学徒期，学生将获得学徒制证书，并接受在岗综合训练。这个阶段的目标是提升学生的服务和管理能力，让他们能够从学徒向技能人才的转变，并为将来的职业发展做好准备。

学徒制度为学生终身职业生涯的发展奠定了坚实基础。通过工学交替学习，学生不仅能够获得专业知识和技能，还能够建立起实践经验和职业素养。这将使他们在未来的职业道路上更有竞争力，并为他们的个人成长提供更广阔的发展空间。

（6）校企双元主体评价。为了全面评价学徒的表现，学校和企业共同引入了校企双元主体评价模式，以弥补传统评价方法的局限性。传统的校方评价难以准确评估学徒在实际岗位上的技能和创新能力，而企业师傅评价则难以全面评估学徒对课堂理论知识的掌握情况。校企双元模式通过校方教师和企业师傅的评价来全面衡量学徒的发展。

校方的评价主要关注以下方面：学徒在理论课程上的成绩，实验实训任务的完成情况，沟通交流能力，专业技能竞赛成绩，获得的证书及思想政治素质。而企业师傅的评价则着重于学徒的岗位识别能力，轮岗和顶岗实训任务的完成情况，工作操作的规范性，任务执行能力，沟通交流能力和工匠精神。

这种校企双元评价模式建立了多元化的评价体系，有效、全面、客观地反映学生的情况。同时，它也有助于检验学徒制培养目标的实现和建设成效的评估。通过这种模式，学校和企业能够更好地进行协作，共同培养出适应社会需求的高素质人才。

2. 本科层次现代学徒制人才培养模式

职业本科教育的目标和规格旨在为学生提供更加实用和职业相关的知识和技能，使他们能够迅速适应职场的需求。为了达到这个目标，需要优化职业教育与高等教育的衔接机制，并建立一个完善的现代职业教育体系。

在研究职业本科教育与现代学徒制的契合点和融合度时，可以探索校企合作的新模式。校企合作是一个将学校和企业紧密结合起来的方式，通过实际工作环境中的学习和实践，提供给学生更多的实践机会，并使他们能够真实地了解和应用所学的知识和技能。这种校企合作模式有助于打破传统教育和实际工作之间的壁垒，使职业本科教育更加贴近职场需求。

为了构建职业本科层次的现代学徒制人才培养模式，可以开发模块化课程体系。通过将课程划分为小模块，学生可以根据自己的实际需求和兴趣，选择他们感兴趣的模块进行学习。这种模块化的课程设计有助于提高学生的实战技能和创新能力，使他们能够更好地适应职场的挑战。

此外，需研究职教本科层次现代学徒制的管理、评价和监控机制，以确保教学质量和学生的学习效果。我们可以建立教学管理制度和第三方评价体系，监控学生的学习进展和实践成果，并及时给予反馈和指导。这种管理和评价机制是确保职业本科教育质量的关键。

总之，通过以上措施，可以探索职业本科教育的目标和规格，优化职教衔接机制，建立完善的现代职业教育体系。同时，研究职业本科教育与现代学徒制的契合点和融合度，构建职业本科层次的现代学徒制人才培养模式，并建立管理、评价和监控机制，以提高职业本科教育的质量和实效。

（四）基于智能制造专业群现代学徒制人才培养模式

滨州职业学院智能制造专业群采用学徒制人才培养模式，取得了重大优势。该专业群与当地高端铝产品加工产业链紧密对接，形成了产教融合的合作模式。为了进一步推进产教融合，学院实施了混合所有制办学改革，并成立混合所有制二级学院。这一办学模式为行业企业参与办学提供了更有利的条件，实现了教育与产业的良性互动和协同发展。以产业需求为导向的人才培养模式也得到了更加完善和健全的发展。通过该模式，解决了职业教育供给与地方产业需求之间的结构性矛盾，提高了人才培养质量。这种创新的人才培养模式为智能制造领域的人才储备和产业发展提供了强有力的支撑，为地方经济发展注入了新的活力。

1. 创新专业群办学体制机制

为了共同实现教育和商业的优势互补，学校和合作企业合作成立了一个混合所有制的二级学院，以高端铝技术创新平台为核心。该学院发展了工业机器人实训中心、智能制造工厂等产教融合的实习实训基地，用于教学和生产性实训，也为企业提供培训和考证的机会。为了明确双方的权利和责任，学校和企业组建了董事会和监事会，并制定了独立的章程和制度体系。股权关系被用来保障整个培养过程中双方的利益。

在学校和企业之间建立的"互融共赢、协同发展"原则下，一套完整的人才培养目标和规范得以共同制定。为了保证这一目标的实施，项目管理体系和组织保障机制已得到建立。此外，还制订了针对人才培养的方案，对课程进行了改革和标准化，并建设了配套的实训基地。为了提高师资队伍的能力，也进行了相应的建设工作。为了确保教学质量，还设立了监控评价机制。

在这个体系下，各个二级学院得以独立运行，学校和企业共同组建了教学管理、学生管理和生产管理团队。此外，企业派驻了专职管理人员和工程技术人员进驻学院，以更好地发挥企业在办学中的主体作用。学生也按照现代学徒制的方案进行独立编班和培养，这使他们享有更大的独立性。这种独立性不仅激发了企业办学主体的积极性，也提高了专业人才培养的质量。

综上所述，学校和企业在人才培养中的合作得以充分展现，共同制定的目标和规范确保了不同方面的工作得以顺利开展。这样的合作模式不仅促进了企业的发展，也提供了高质量的教育资源，造福于学生的成长和未来。

2.重构专业群人才培养体系

（1）建立名为"全课融入、实践培育"的专业群立德树人体系，通过将"课内教育+实践活动"与立德树人要求相结合，构建立德树人的体系。

在学院的教育体系中，我们提出了一个名为"全课融入、实践培育"的专业群立德树人体系，这个体系的目标是将课内教育与实践活动结合起来，以全面培养学生的德育素养和实践能力。学院认识到，仅仅通过传统的课堂教学很难使学生全面发展。因此，学院将通过在课程中融入实践活动，使学生能够更好地理解和应用所学知识。这不仅可以提升学生的学习兴趣和主动性，还可以锻炼学生的实践能力和解决问题的能力。

在这个体系中，学院建立一套科学的评价体系，以评估学生的立德表现和实践能力。通过这种方式，学院可以及时发现学生的不足之处，并为学生提供相应的指导和支持，帮助学生不断进步。

（2）构建名为"基础共享、方向分立、核心融合、拓展互选"的专业群课程体系，针对高度综合职业能力的岗位群，设置相应课程来培养职业能力。

针对高度综合职业能力的岗位群，学院构建了一个名为"基础共享、方向分立、核心融合、拓展互选"的专业群课程体系。这个体系旨在通过一系列的课程来培养学生的职业能力。

首先，学院将提供一些基础课程，这些课程是所有岗位群共享的。通过这些课程，学生可以获得一些基本的职业技能和知识。然后，针对不同的岗位群，学院将设立一些特定的方向课程。这些课程将重点培养学生在特定领域的专业能力，帮助学生在职业生涯中更好的发展。此外，学院还设置一些核心课程，这些课程将融合不同学科的知识，培养学生的综合能力和创新能力。最后，学院还提供一些拓展选修课程，让学生根据自己的兴趣和需求选择适合自己的课程。通过这些课程，学生可以进一步扩展自己的知识和技能，提升自己的竞争力。

（3）智能制造专业群在教学体系方面采用了"阶段递进、双轨并行"的实践模式，该模式旨在通过逐步提升学生的能力，支持制度改革和多证书制度。这一模式将校内实训和校外实习项目结合起来，为学生提供更为全面的实践机会。

在校内实训方面，智能制造专业群设置了一系列阶段性的课程，以循序渐进的方式引导学生掌握各种智能制造技术和理论知识。学生会从基础的理论课程开始，逐渐过渡到实践操作课程，最后参与到真实的项目中去。这种"阶段递进"的模式可以确保学生在实践中逐步积累经验和技能，全面提升自己的专业能力。

与此同时，智能制造专业群还积极推动校外实习项目的开展。通过与企业合作，学生有机会在真实的工业环境中参与到实际的智能制造项目中，学以致用地应用他们在校内所学习的知识和技能。这种校外实习项目的设置可以使学生更好地了解行业的实际运作和需求，同时也提供了一个提升自身实践经验的机遇。

（4）智能制造专业群还致力于完善"专门课程+训练实战"的融合模式，进一步促进实训、研发和创业的紧密结合，培养学生的创新创业能力。通过将专门课程与实践训练相结合，学生可以在课堂上学习到最新的理论知识和技术进展，然后将其应用于实际项目中，进行实践性的研发和创业活动。这种融合模式有助于培养学生的创新思维和实际操作能力，为他们将来的职业发展打下坚实基础。

智能制造专业群的教学体系注重实践教学和实习项目的开展，通过"阶段递进、双轨并行"的模式和"专门课程+训练实战"的融合模式，为学生提供了更为全面和深入的学习机会。相信在这样的教学体系下，学生能够更好地适应社会需求，提高自身的综合素质和竞争力。

3. 保障现代学徒制人才培养质量

（1）整合国际先进的智能制造和智能控制教育标准及案例，结合国内示范校和骨干校的成果，与上游设备和控制系统供应企业及下游高端铝加工企业合作，开发专注于高端铝加工产业的专业人才培养方案、课程标准、教学标准、实践实训标准和顶岗实习标准。引入新技术、新工艺、新规范和新资源，与企业合作开发并构建新型的教材形式；开发智能控制类职业教育在线课程，如智能控制系统集成和工业组态控制技术等。通过大规模在线课程平台，建立专业群"课程超市"，探索自助餐式的课程供应模式，以满足团队合作教学和不同学习者个性化学习的需求。同时，与企业和院校合作，在铝产品加工产业领域以智能制造和智能控制为主线，以铝产品智能生产线的典型工作项目为基础，共同创建包括专业级资源、课程级资源和素材级资源的三层资源。

（2）基于知识特征、认知规律和专业群岗位需求，模块化设置课程，并建立结构化教学团队以实现专职与兼职教师的合作。为了提高教学质量和人才培养质量，我们团队采取了一系列措施。首先，根据团队成员的专业特长进行分工，并共同制订了教学实施方案。其次，推行了分工协作的教学模式，通过线上线下协作进行教学活动。这种模式有效促进了信息化课堂教学改革。此外，学院与企业展开合作，将培训内容打包成一个"教学包"进行教学。学院还统筹安排课程设置、教学内容选择和课时分配等方面，确保整个教学过程的高效运作。最重要的是，通过学院的努力，学生有机会获得2~3个职业技能等级证书，从而为学生的职业发展提供更多机会。通过这些措施，学院有效提高了教学质量和人才培养质量。

（3）以校企合作为核心，通过内部培养和外部引进的方式，教师和企业工程技术人员组成结构化教学创新团队，共同参与人才培养、企业项目研究和培训活动。团队积极参加新技术技能培训、国际交流培训和教学能力大赛等活动，以提升教育教学能力。同时，团队成员也积极参与企业实践项目和校内实践锻炼，学习高端铝新材料、新技术和新工艺。将所学应用到教学内容中，开发系列技能实训模块。这种跨界合作的团队模式促进了教育与产业的融合，提高了教师和学生的专业水平，为学生的就业和创业打下了坚实基础。通过创新的教学方法和实践经验，结构化教学创新团队有效推动了教育教学的改革与发展，以提高教学团队的实践教学水平。通过与合作企业联合开展技术研究、新产品开发等项目，团队在提升技术攻关和成果转化能力方面取得了显著进展。他们成功解决了企业面临的关键技术问题，并为技术创新和团队发展树立了榜样。此外，教学创新团队还积极推动课程体系的构建，参与了课程标准的开发和课程资源的更新工作。通过引领专业群教学改革，他们促进了技术技能在团队中的传承，不仅提供帮助，还带动了其他成员的发展。团队的成果和贡献为企业带来了实质性的变革和进步。

（4）在课程改革中，学院强调多元评价的重要性，并将其贯穿整个课程。为了确保教学质量，学院建立了专业群教学质量监控评价体系。同时，学院树立了全面质量管理理念，并引入第三方评价机制。为了改进内部质量保证体系，我们成立了组织来诊断和改进。为了规范发展，学院制订了专业建设规划、课程建设规划、教师发展规划和学生个人发展规划。学院还开发了专业建设、课程建设、教师和学生发展的标准体系和质控点。通过校情分析与决策平台，学院接入了校内和企业行业评价数据。学院全程、全方位地采集汇总数据，并监测、预警、诊断和改进专业、课程、教师和学生等四个层面。学院形成了评估、诊断、改进的控制链和信息链。

第三章 职业本科专业的元素与内容构建

第一节 职业本科专业的重要元素

职业本科专业的重要元素可以涵盖以下方面：

第一，学科知识。职业本科专业的核心是提供相关学科领域的知识和技能。这些知识包括理论和实践方面，能够帮助学生掌握专业所需的基础知识和技能。

第二，实践经验。职业本科专业通常注重实践能力的培养。学生需要通过实习、实验、项目或实地考察等方式，将所学的理论知识应用于实际情境中。实践经验可以帮助学生培养解决问题、团队合作和创新能力。

第三，职业导向。职业本科专业的目标是培养学生具备特定职业所需的技能和素质。这包括了解行业趋势、就业前景和职业要求，以及培养职业道德、沟通能力和职业素养等。

第四，实用技能。职业本科专业注重培养学生具备实际应用的技能。这些技能可以是技术性的，如计算机编程、数据分析、营销策划等；也可以是非技术性的，如领导能力、演讲技巧、项目管理等。实用技能有助于学生在职场中立即投入并取得成绩。

第五，学术素养。职业本科专业并不仅仅注重实用技能，也要求学生具备一定的学术素养。学生需要掌握学术研究的方法和途径，培养批判性思维、问题解决能力和学术写作能力。

第六，终身学习能力。职业本科专业的学习不应止于毕业，而是要培养学生终身学习的能力。这意味着学生应具备主动学习、自我更新和适应新技术和变化的能力，以应对职业发展中的挑战。

第七，专业集群。职业本科专业集群是指一组具有相似职业导向和相关学科领域的本科专业的集合。这些专业在职业发展方向、知识内容、技能要求等方面存在一定的相似性和相关性。职业本科专业集群的定义有助于学生选择适合自己职业兴趣和目标的专业，并为高等教育机构提供指导和管理的依据。职业本科专业集群构建需从以下方面着手：

首先，以人为本，以教师发展促进学生培养。"职业本科作为大学的一种类型，其功能包括人才培养、科学研究、社会服务和文化传承，其中，人才培养是核心，其他三个功能围绕人才培养来展开，所有功能的具体实现最终取决于教师队伍的综合素质。"[1]教师发展是学生培养的前提，教师队伍决定着人才培养的实现程度，学生培养是教师发展的主要目的。

开放办学可以让教师队伍和外界环境展开了关于人才、信息、知识等方面的交换和互动，对职业本科教师发展具有重要意义。职业本科开放办学的重点需放在产教融合，尤其是在和企业的交流上，可以将企业相关专家引入学校担任教师，和企业开展项目合作，在提高教师实践能力的同时培育、开发情景教学项目，校企联合建设校内工厂和校内外实训基地，为教师发展和教学服务。

其次，项目引领，统筹科学研究、教学研究和教学工作。职业本科的核心任务是教学，教学内容和方法是教学工作的重要内容。教学内容和教学方法虽然有历史沿袭，但随着社会发展的不断加速，需不断调整完善才能与时俱进。

工程问题是教学内容的主要来源，具有综合性和系统性，包括各相关学科的知识、技能、经验等内容。科学研究产生的学科知识为解决工程问题提供了基本支撑——利用系统科学知识，结合技能、经验甚至需要一定创造性才能解决工程问题。

[1] 谢泽力. 职业本科专业集群：目标、原则和策略选择 [J]. 内蒙古教育，2021（15）：67.

教学研究主要针对教学目标的确定、教学内容的选取、教学方法的制定和教学的组织方式等，职业本科的教学研究主要为教学提供了方法支持，是实现教学目标不可或缺的工作。教学内容和教学方法是教学工作的两个方面，需统筹发展。

和普通本科不同，职业本科的科学研究主要集中在科技的应用层面上，了解学科的发展动态，尤其是学科知识在企业运营实践中的应用，目的是为教学项目提供内容支持。只有用工程项目将职业本科的科学研究、教学研究和教学工作统筹起来，相互配合、协调发展，才能培养符合社会发展需要的人才。

一个多模块的课程体系设计应该兼顾学生的短期就业需求和长期职业发展。这样的课程体系需要满足就业市场对不同技能的要求。职业本科的课程体系应该设置培养学生技能素养的专业方向模块，以帮助他们更好地适应未来的职业环境。大学课程体系还应该支持学生在职业道路上的可持续发展，为他们提供终身学习的机会。

专业课程模块应该提供直接系统的支持，帮助学生掌握专业知识和技能。这些模块应该与实际就业需求和行业趋势相结合，为学生提供必要的实践经验。

此外，专业群基础课程模块也应该进一步支持专业课程的学习。这些基础课程可以帮助学生打下坚实的理论基础，并提供与专业课程的衔接。它们可以涵盖与专业领域相关的学科知识和技能。

除了专业课程和基础课程，通识课程模块也是一个重要的组成部分。通识课程提供了全面的支持，促进学生的全面发展。它们可以培养学生的批判性思维能力、沟通能力和跨学科的视野。这些通识课程可以帮助学生培养综合素养，使他们在职业道路上更加全面和灵活。

第二节　职业本科专业的教材建设

随着职业本科的不断发展，教材建设成为职业本科办学实践中的重要、紧迫的挑战。从实践层面来看，本科职业院校教材建设和管理存在着不容忽视的质量问题，"教什么""怎么教"等诸多基本问题亟待廓清和解决。明确当前职业本科专业教材的现状，在理论和实践层面建构起能够支撑职业本科教育稳步发展的教材体系，是明晰职业本科教育与其他类型、层次教育区别的重要前提，也是职业本科教育存在及其发展的合法性基础。

一、职业本科专业教材的理论建构

"职业本科教育是职业教育向高等教育领域迈出的里程碑式的重要一步，是职业教育承担起高等教育普及任务的示范性探索，对于提供更高端的职业人才储备具有不可忽视的价值。"[1]在这个阶段，应针对职业本科专业教材使用中存在的问题进行靶向施策，确立职业本科专业教材建设的理论基础。

（一）坚持能力本位，从职业知识转向技术知识

不同的人才培养模式下，教材应该有显著的差异。本科教育尤其是当前的研究型大学脱胎于传统的古典教育，其培养模式是典型的精英主义培养模式，以理论学习为主，以知识的创新和前沿探索为其教育使命，因而研究型大学的教材以知识属性为首要目标。作为职业本科专业教材，准确把握技术知识逻辑对职业本科培养目标具有引导性，也直接影响到专业课程建构及教育教学质量。目前，在职业教育中处于主导地位的仍然是职业知识，各高职院校的专业课程建设、教材体系开发都有所体现。如此标准化、机械化的知识模式使得学生在面对工作世界时，思维定式和技术功能固化，主体性地位缺失。

---

[1] 魏伟，杜梦菲.职业本科专业教材建设的理论建构与实践探索[J].教育与职业，2022（13）：79.

中华人民共和国教育部在对21所成功升格职业大学的批复函中，明确要求其坚守培养高层次技术技能型人才的目标定位，职业本科专业教材的知识逻辑也应该逐渐向非线性思维和非认知技能转化，由关注"实践经验"的职业知识向关注"能力本位"的技术知识转型。

第一，技术的作用决定转型的重要性。进入工业4.0时代，先进技术的作用日趋凸显，并与过去的技术需要有着明显差异。当今世界，重要的不仅仅是信息、知识、关于知识的知识和所谓的技术技能，还包括创造附加经济价值的知识技能。技术知识将会打开职业本科知识建构的新主题，实现技术创新发展的新路径，满足学生可持续发展的新需求。

第二，技术知识的高等性支持转型的合理性。技术具有层级结构和递归性两种特征。所谓递归性是先把复杂的问题逐一递推，直至比原问题更加简单化后再进行回答，然后再逐一返回依次找出原问题的复杂答案，而技术知识就是在逐一解答问题的过程中逐步化解，复杂、高深的体系得以建构。因此，技术知识的层级结构及递归性决定了其同样具有高等性特征，支撑职业本科教育知识体系的完善和发展。

第三，教育的价值取向引导转型的方向性。职业本科教育的价值取向是面向生产、依据职业需要整合技术、重视物化技术对人的塑造与培养的职业性教育。职业本科专业教材知识体系需要根据技术应用的综合性来建构，继而根据技术应用的实践性开展教学过程，具备完整的技术行为规范与准则，使学生成为合格的新一代高层次技术技能型人才。

（二）坚持实践导向，从直线式静态教材管理转向圆周式动态教材管理

教材建设的导向是教材建设的魂，对教材建设进行系统设计和统筹规划能够引导教材建设朝着确定的方向行动，是教材建设的基本理论问题之一。常见的教材治理模式包括直线式、圆周式和螺旋式。直线式教材管理指的是教材建设者按照确定的教材规划，围绕一条确定的逻辑主线逐层递进，在过程中不断强化、深化和固化教材内容，整个教材建设呈直线式推进。圆周式教材建设虽然有较为清晰明确的规划，但是整体的工作推进是以基本概念为核心呈现圆周式扩散，在教材内容上更加广阔，在教材建设组织形式上更加自由。与学术型本科、应用型本科不同，职业本科最初的人才需求定位就是围绕确定的产业展开的，职业本科培养人才应该满足产业发展的需要，能够迎合特定行业、岗位、特殊群体的动态变化要求。

坚持实践导向要求在当前的职业本科专业教材建设上，要以实践需求为中心。首先，应该做到教材内容具有科学性、实践性，依据专业类别，与行业企业专家等协同确定教育的圆点，围绕圆点整合技术等级和人才标准等诸多要素进行圆周式的拓展，科学界定专业教材的内容；其次，以行业发展的实际情况为参照，积极对接国内和国际先进、前沿的职业教材，以先进的职业技能理论指导教材整体教育教学活动安排，在实践中检验教材、修订教材；最后，适应职业本科学生实践学习需求，通过项目学习、案例学习、真实生产项目、典型工作任务等多样化使用教材，尽可能地吸引学生，挖掘教材的最大价值。

（三）坚持协同创新，从编用分离转向全过程、多主体统筹推进

职业本科院校在职业教育谱系中具有独特的合理位置和办学定位，坚持协同创新的原则，教材建设应该由传统的编用分离转化为编审发行全过程、多主体的协同参与，统筹推进。教材原本的定位是教师组织教育活动的依据，因而教材以满足教师便利使用为首要诉求，更多的是服务教师的教学活动而非学生的学习活动。教材应该是围绕知识本身的逻辑顺序展开，以知识内在的逻辑推进学生的认知活动，在此教材观的影响下，教材的编制更多成为专家学者的责任，学科专家进行教材编制的主体知识为中心的教材观。杜威提出了不同的意见，认为学习的过程是以学习者自身经验为起点、以学习者为中心、以符合学生经验和兴趣的活动为课程、以综合类的活动为主要形式展开教育，但是在实践层面并未得到深刻

的认同和执行。随着教材的发展和完善，教材的编写和使用进一步分离。在当前的职业院校中，虽然单位是教材编写的主体，但实际上这一工作往往还是由各领域的专家学者承担。

具体到职业本科上，其培养的是面向各行各业的高层次技术技能人才，其中不仅是简单的技术操作，更多的是学科知识、技术原理、技术实践知识的融会贯通，这些知识的融会贯通多以默会知识和个人知识的形式存在，要求教材必须具有更强的开放性、先进性、实践性，因此对教材建设过程提出了更高的要求，而编审用分离的教材编写显然不能满足这一要求。

职业本科专业教材建设要求教材的编写、审核、出版、发行和选用等全过程多主体统筹推进，在制度层面要不断进行平台和合作机制的创新，通过多种形式的、长时段的、自由组合的形式，促进相关主体共同参与到教材建设的过程中来。学科领域的专家、职业本科院校的一线教师、教研人员、专业技术人才和一线工匠都应该参与到教材建设过程中。在教材编写阶段，专家学者负责基础知识、技能部分，教研人员负责知识的组合、呈现，行业技术人员则将前沿的、实用的技能技巧融入其中；在教材审核阶段，以国家教材审核意见为最高导向，多主体各居其位，表达意见，建立一个更严格、更科学的审核标准；在教材使用阶段，时刻监测教材的具体使用情况，了解学生的反馈情况，以行业企业的标准去审查教材的实际效果。这样才能真正打造一批有理有实有深度的职业本科专业教材，真正满足本科层次培养特色的需求，有效回应高层次技术技能人才培养诉求。

二、职业本科专业教材建设的实践探索

随着社会的发展，职业本科教育将从试点探索到稳步推进，这就要求职业本科教材建设不仅要在理论上有所突破，在实践层面也要对当前存在的问题做出积极回应，靶向施策。

（一）依托培养方案与课程开展教材研究，解决教材职业适切性问题

本科专业教材立足于产学研协同育人而建设，通过职业本科高质量人才培养、企业提升员工业务理论水平及培养工程创新能力共同为之。产学研能够将主体之间的优势资源价值最大化，是聚同化异的维系点，足够彰显职业教育的育人文化观，它将各种教育教学资源整合、深度共建与共享，以此来满足职业本科教育人才培养的目标。职业本科专业教材应该先在校内经过咨询委员会研究讨论后进行专业规划，提出新课程建议。在整个新课程构建阶段，需要及时掌握本院校新课程满足社会需求的情况，符合职业本科服务当地经济的角色定位情况，课程所需教育教学资源的合理匹配情况，职业本科院校是否有足够经费投入建设、足够专家支持新课程、外聘专家是否容易招入等情况。换言之，专业教材建设作为职业本科院校专业课程建构的核心内容，需以产学研结合为指导方向，根据学生的认知特点、能力发展，以及社会需求等客观要求进行教材建设。

第一，教材建设思想上，在理论课程的教材建设中全方位满足职业本科人才培养需求、行业企业提高业务能力水平发展要求，保持基础理论的扎实性、系统性和先进性；在实训课程的教材建设中，正确处理"教与学""学与用""用与研"的关系，保持实践知识的科学性、实用性和前沿性。

第二，教材建设形态上，专业教材需要立足职业本科院校人才培养目标不断更新。许多职业院校尝试采取图文并茂、形式多样、取放方便的活页式、工作手册式教材。随着智能教育的跟进，融媒体教材也逐渐开始盛行。引导各地除了积极参与建设国家规划教材外，还要进行区域特色教材的编写和规划。如果本院校的专业有特殊性，国家或省级规划教材无法满足教学需求时，可积极鼓励职业本科院校自己编写具有特色的符合实际需要的专业教材。

第三，教材管理制度上，要健全教材的分类分层审核制度、抽查检验制度及退出撤销制度，遴选一些具有代表性的校企合作共同研发的职业本科专业教材，保证国家、省级抽查教材比例不能低于一半，确保职业本科专业学科所使用的是

最近更新的教材版本。

第四，教材内容选择上，确保实践类专业课程使用的教材是以适应实际、解决问题的操作实训为主线，将创造思维训练、技术知识体系形成与工程实践能力迁移融合，使学生能够在生产领域解决实际问题，能够保证在"做中学"中理解应用技术知识，提升综合分析问题的能力。同时，在内容编排上，应该适当放入对应案例，将抽象化知识转为形象化故事。

（二）聚焦职业本科专业特性，解决教材知识独创性问题

聚焦职业本科的专业特性，是在知识变革的大背景下对知识独创性缺失问题的积极回应。在实践中，需要基于职业本科特定的人才培养诉求、当前职业本科生源学情、职业教育教学规律等多个维度，对专业教材知识进行重新组织。现代学科发展呈现出深度分化、高度综合的明显趋势，学科与学科间主要以体现综合性为主，纵横交织，巧妙贯通融为一体。通过把相关的其他事物联系起来，将想法内化于心，从不同角度多方面看问题，找到最适合自己的解决路径。这正是学科间知识整合的最大价值，也是教材建设所需要具备的融合要素。

职业本科专业教材建设不能忽视其他学科的相关度，要以跨学科的综合性思维建构交错渗透的专业教材，使学生在专业课程中能够拓宽不同学科的内容容量，培养学生综合应用技术知识的能力，学会在工作环境中融会贯通地应用理论基础知识和实践方法，以灵活性创新思维积极面对任务和困难。在职业本科教育教学中，专业教材建设是为了实现学生个性化因材施教，根据学生的兴趣和前期知识储备进行跨课程、跨学科自主选修，实现职业本科的复合型人才培养目标。与此同时，在多学科背景下，行业企业、政府、院校整合互补性资源，均衡各方优势，为实现三方协同创新提供有力保障。使用科学性的专业教材所培养的学生，可获得为工艺提出基础和解释的科学原理的知识结构，而非被传授在工作世界习得技能运作和细节的能力。要想实现专业教材建设的科学性需做到以下方面：

第一，实现时代性演进。知识是一个生长性的过程，每一个新的知识点都是

从知识生长点中衍生而来，因此必须加强教材建设理论研究，时间上缩短教材编写、修订的周期，空间上增加教材建设的留白处保证弹性，使专业教材能够与知识的延伸点契合，保持变化更新，与时俱进。

第二，实现关联性延续。知识是一个延续性的过程，新知识与旧知识之间总存在必然的关联度。专业教材在组织知识架构时，需要适当将前面习得的旧知识重复呈现实现螺旋式上升模式，作为新知识获得的底层支撑实现同化和顺应，保证教材内容间的关联性延续。

第三，实现发展性深入。知识一个不断深化的过程，通常情况下，学生想要习得新知识，往往是基于前期知识并通过反复实践进行深入应用才能够正确掌握。专业教材建设需要考虑前后章节内容的发展深度，前面章节需为后面的内容奠定坚实基础，后面内容需是前面章节进一步的深度发展。

第四，实现体系性整合。知识是自身是具有复杂性和统一性的，凭借不同划分依据，有默会知识和显性知识、公共基础知识和专业基础知识之分。职业本科专业教材为了实现跨课程，需将不同学科教材中的知识内容进行适度融合，建构合理化的知识布局，以完善整个教材体系。此外，专业教材中应将职业本科的特殊性规律、学生个体的发展规律、教育教学规律及行业企业的发展需求统一整合并融入其中。

（三）创新专业教材配套管理制度，解决教材主体适应性问题

以高新科技为依托的现代产业对劳动力提出了更高的要求，职业本科教育归根结底就是对高端职业人才需求的响应。通过职业本科教育培养出来的人才不仅要能够从容应对行业产业中的技术更新，更要成为高科技的引领者和创生力量。职业本科专业教材作为职业本科教育办学中最基本、最重要的内容，是培育高端、创新职业型人才的重要保障，坚守特色，推进教材建设，对解决教材主体适应性问题的重要性不言而喻。

第一，创新转化前沿理论，精准匹配学生兴趣。职业本科教材不仅是经验技

术的总结，也是前沿科技、理论的重要载体。一方面，要通过对前沿理论的创新转化，切实打造一批具有先进水平、处于技术前沿的教材，通过向学生呈现更加系统的基础知识、更加完整的知识链、更加先进的技术技能，激发学生的学习欲望，激发职业本科学生的学习积极性，帮助学生树立高远的职业理想。另一方面，要以更加为学生所接受的形式呈现。精准匹配学生的兴趣，充分了解当前学生乐于接受的教材内容和知识组织形式，吸引学生主动去学习，引导学生自发地进行探究，为学生的能力培养打好基础。

第二，创新转化职教积淀，传承中国工匠精神。中国有悠久的职业教育传统，职业本科专业教材中应该呈现这些深厚的职教文化，并与当前的文化潮流对接，实现职教文化的创新转化，培养一批具有中国工匠精神的职业新面孔。具体而言，在教学内容的策划与编排上，应突出体现现代技术与传统文化的相互渗透和促进。不仅要通过文化精神的激励，促进学生知识的迁移，在学习的过程中能够举一反三，激发学生创新能力；还要以知识的创生促进更深层次的认同，培养职教的认同感，增强中国工匠的使命感。

第三，创新转化实践经验，对接世界发展前沿。立足中国特色、着眼世界水平，是高等学校教材建设的两个基本面向，尤其在中国高等教育已经站在了高质量发展新时代的历史方位上，我们的教材必须有国际视野、未来意识、世界水平。职业本科专业教材应该对接当前科技发展新趋势和产业新变化，在教材使用的过程中也要不断反馈教材的使用情况，在使用中完善和优化。在具体内容上，应该不断对照实践领域最新的经验做法，删减修订教材内容中陈旧、不适用的地方，将新技术、工艺和行业规范纳入其中；在组织形式上，应该实施教材配套策略，在教材之外，通过讲义、教学参考书、学习辅导读本、操作手册式辅助教材等适时进行补充拓展。

第三节 职业本科专业的内容构建

职业本科专业的内容构建是为了适应不断变化的职业市场需求，提供学生所需的专业知识和技能。随着技术和行业的快速发展，职业本科专业的内容也需要不断更新和调整，以培养具备适应性和创新能力的人才。

一、职业本科专业的基础课程构建

基础课程提供学生所需的基础知识和技能，为他们进一步学习专业课程打下坚实的基础。这些课程包括但不限于以下内容：

第一，语言和沟通技巧。培养学生良好的口头和书面沟通能力，包括演讲技巧、写作技巧和跨文化沟通能力。

第二，数学和统计学。提供数学和统计学基础，帮助学生理解和分析数据，进行定量分析和决策。

第三，计算机科学与信息技术。介绍计算机科学和信息技术的基本概念和应用，培养学生在数字化时代所需的技能，包括编程、数据处理和信息安全等。

第四，人际关系和团队合作。培养学生与他人合作的能力，包括团队合作、领导能力和解决冲突的技巧。

第五，经济学和管理学基础。介绍基本的经济学原理和管理学理论，帮助学生了解商业环境和组织运作的基本规律。

第六，法律和伦理。介绍法律和伦理原则，培养学生遵守法律法规和职业道德的意识。

二、职业本科专业的核心课程构建

专业核心课程是职业本科专业的重点，涵盖特定职业领域的核心知识和技能。以下是一些典型的专业核心课程：

第一，行业概述和趋势。介绍特定行业的发展历程、市场规模和趋势，帮助学生了解行业的背景和前景。

第二，相关技术和工具的应用。培养学生熟练掌握特定行业所需的技术和工具。例如，对于计算机科学专业，这可能涉及编程语言、数据库管理和网络安全等方面的学习；而对于市场营销专业，可能包括市场调研工具、社交媒体营销和数字营销策略等。

第三，专业实践和职业道德。提供实践机会，让学生通过实际项目和实习经验应用所学知识，培养解决问题和创新的能力。同时，强调职业道德和职业素养的重要性，使学生在职业生涯中能够遵循职业准则和道德规范。

第四，组织和项目管理。培养学生在组织和管理方面的能力，包括团队协作、资源分配、进度管理和决策制定等。这些技能对职业发展中的领导和管理角色至关重要。

第五，市场调研和营销策略。介绍市场调研方法和营销策略，帮助学生了解市场需求、消费者行为和竞争环境，以及制订有效的营销计划和策略。

第六，财务管理和会计原理。提供财务管理和会计原理的基础知识，使学生能够理解财务报表、预算控制和投资决策等关键概念，并能运用财务数据进行分析和决策。

第七，专业选修课程。根据学生的兴趣和职业目标，提供一系列专业选修课程，深化对特定领域的理解和专业能力的培养。这些选修课程可以涵盖不同的专业领域，如人力资源管理、数据分析、国际商务等，以满足学生的个性化需求。

三、职业本科专业的实践教学与实习

职业本科专业的内容构建应该注重实践教学和实习的环节。通过与实际工作场景的接触,学生能够将理论知识应用于实践,锻炼解决问题和团队合作的能力。学校应与相关企业或组织建立合作关系,提供实习机会和实际项目,以便学生能够在真实的职业环境中学习和实践。实践教学和实习可以加强学生的职业适应能力,培养实际操作技能,并建立与行业专业人士的联系和网络。

四、职业本科专业的跨学科综合能力培养

职业本科专业的内容构建还应该注重跨学科综合能力的培养。随着职业领域的发展,跨学科的知识和技能变得越来越重要。例如,对科技与创新管理专业,学生需要具备科学技术背景的同时,还需要了解商业管理和创新创业等领域的知识。因此,专业课程应该设计为融合不同学科的要素,培养学生的综合思维和解决问题的能力。

五、职业本科专业的实时更新和适应性调整

职业本科专业的内容构建应该具有实时更新和适应性调整的特点。随着科技和行业的快速发展,相关领域的知识和技能也在不断演变。学校和教师应与行业保持紧密联系,及时了解最新的趋势和需求,并相应地对专业课程进行更新和调整,以确保学生获得最新、实用的知识和技能。

职业本科专业的内容构建需要兼顾基础课程和专业核心课程,注重实践教学和实习的环节,培养学生的综合能力和适应性。此外,随着时代的变化,专业内容也需要实时更新和调整,以适应不断变化的职业需求。最重要的是,职业本科专业的内容构建应该与行业密切合作,确保学生能够具备所需的知识和技能,为他们的职业发展奠定坚实的基础。

第四节　职业本科专业评价设计的逻辑与路径

"发展职业本科是新时代我国职业教育提质升级的应然之需与实然之路。开展职业本科专业评价微观上有利于引导办学主体明晰办学方向、促进专业诊改与内涵建设，提升人才培养质量；宏观上能够服务教育主管部门政策完善，优化技能型人才结构，增进行业社会认同。"[1] 借鉴成果导向教育、全面质量管理理念及能力成熟度模型建构指标体系，并通过定性定量结合方法动态核定权重，设计多元化评价方式。评价体系不仅需强调设计的科学性与实施的可行性，还要注重基于应用场景和主体诉求差异的平衡性调适。同时要强化评价结果应用，培育新时代职业本科特色质量文化，协同推进职业本科生态化、高质量、可持续发展。

职业本科作为职业教育体系重要组成部分，一方面与普通高等教育分属不同教育类型，与应用型本科存在培养定位与逻辑起点上的本质差异（学科知识体系导向还是职业岗位能力导向）；另一方面，相对高职专科而言，职业本科对技术技能人才培养的规格、定位和能力要求更高，特别是学位制度设计框架下，格外注重基于实践逻辑的体系化知识建构。为此，无论高职专科还是应用型本科的现行专业评价体系均不适用于职业本科，建构基于职业本科独特定位和辨识度的专业评价体系具有重要的理论与现实意义。

一、职业本科专业评价设计的逻辑

（一）理念维度——参照OBE理念

参照《悉尼协议》以成果为目标导向的教育（Outcome-Based Education，OBE）理念，围绕人才培养结果（产出）对目标、模式、路径与方法系统开展评价设计，突出结果导向。一是通过对职业本科专业进行全方位多维度评估，检验

---

[1] 施星君，余闯. 职业本科专业评价设计的逻辑与路径[J]. 中国高教研究，2022（5）：102.

专业建设现状与成果，强化评价结果的客观性、全面性与有效性；二是注重结果应用，以评价结果为鉴，为未来专业建设与人才培养改革指明方向；三是着力构建动态的、开放的、持续改进的质量保证体系，辅以常态化的跟踪与反馈机制，切实推动职业本科专业内涵式发展。同时针对我国职业本科办学定位与现状，深入贯彻我国深化新时代教育评价改革、促进职业教育类型化发展等政策精神。

（二）结构维度——基于 TQM 理念

全面质量管理（Total Quality Management，TQM）理念自 20 世纪 80 年代起逐步引入高等教育和职业教育中，之后被广泛应用，验证了其对办学质量评价工作的重要指导意义。围绕专业建设基本内涵，将职业本科评价指标分为条件性、过程性、成果性及创新性四种类型。其中条件性指标具有通用性，主要依据《本科层次职业教育专业设置管理办法（试行）》，侧重于对职业本科专业设置准入门槛的鉴定；过程性指标主要考察专业建设管理过程的完整性、规范性及机制完备性；成果性指标侧重于职业本科专业建设成果与人才培养水平的高阶评价，是专业高质量发展的重要导向；创新性指标主要是鉴于我国职业本科专业发展仍处于探索阶段，用于引导和激励各办学主体在办学模式、路径、机制等方面积极开拓创新，探寻新规律，总结新经验，树立新范式。

（三）质量维度——借鉴 CMM 模型

日本工程教育专业认证委员会（JABEE）采用四级制质量等级评定：A（Acceptable），满足认证标准；C（Concerned），基本满足认证标准，希望能继续提高；W（Weakness），基本满足认证标准但较弱，要求必须采取措施提高；D（Deficiencies），不满足认证标准，需重新申请认证。鉴于我国职业本科办学起步时间较短、试点类型多样、模式尚不成熟、发展需求旺盛等国情，职业本科专业评价宜遵循"资格评价和水平评价相结合、诊断性评价和形成性评价相结合、鉴定效用和发展效用相结合"的原则，故在 JABEE 基础上借鉴能力成熟模型（Capability Maturity Model，CMM），将质量等级分为五级：①初始级：未达到准入标准，需整改后重新认证。②准入级：达到准入标准，可以试点办学。③标准级：专业建设取得一定成效，整体水平基本匹配职业本科定位。④成熟级：办学模式较为成熟，办学质量同行与社会认可度较高。⑤优化级：办学模式、体制机制等取得创新性突破，办学质量名列前茅，形成示范标杆效应。实践中将CMM指数转化百分制后，按"初始级（0～75）、准入级（75～80）、标准级（80～85）、成熟级（85～90）、优化级（95～100）"界定。

（四）工具维度——采用QQM方法

教育信息存在数据样本小、结构化程度低、量度水平低等特征，且当前我国职业本科尚缺乏成熟理论依据或足量事实经验，过多定性评价容易影响其客观性，绝对量化评价又容易产生功利性导向。定性定量相结合（Qualitative and Quantitative Methods，QQM）是比较行之有效的评价方法。指标体系建构与权重设计，拟借鉴国际范例，依靠专家智慧，总结试点经验，采用德尔菲法进行定性分析；同时选用粗糙集属性约简方法开展初始指标甄选，模糊层次分析法（Fuzzy Analytic Hierarchy Process，FAHP）和熵值法进行权重优化。评价主体确定，拟实行专业自评，同行、专家、教师、教学管理人员、在校生、毕业生及用人单位多主体协同共评的多维度、开放性评价模式；评价工具量表设计也需兼顾定性和定量，根据指标内涵差异采用不同变量类型。

二、职业本科专业评价设计的路径

当前我国职业本科处于起步与快速发展阶段。为适应高质量发展需要，发挥好专业评价的"指挥棒"作用，除了注重评价体系本身外，还需在实际应用中把握两大要点。

第一，做好平衡性调适。一是兼顾职业性与学科性平衡，随着学位制度的健全，未来职业本科的应用技术研究功能和服务产业升级能力将更为重要，相应指标可做一定强化；二是适应多种应用场景，针对职业本科不同发展阶段开展的准入性评价、诊断性评价、过程性评价或验收性评价，抑或针对不同评估项目，如学位授予点评估、年度教学质量评估、高水平专业（群）遴选评估、毕业生职业发展水平评估等，指标及权重都需做相应合理化调适；三是兼顾不同评价主体，教育督导部门、第三方评价机构及学校本身开展专业评价的价值诉求和关注点各异，指标体系及评价方式也需相应调适。

第二，强化评价结果应用。教育行政主管部门一方面要逐步健全常态化评价机制，建立可靠的数据采集与诊断通路，掌握各院校职业本科办学探索实践中的要点、亮点与难点，并制定行之有效的应对策略；特别是深化大数据、人工智能技术在评价中的应用，发挥其实时、动态、智能的数据监测、诊断预警、信息披露等功能，服务政府职业本科发展促进政策供给能力建设。另一方面要引导社会各界参与职业本科专业评价工作，以不同本位视角和主体诉求审视办学工作及成效，实现"兼听则明"。各办学主体应依据评价体系主动开展阶段性、周期性自评，并积极配合教育督导部门、第三方评价组织开展的数据采集监测及评估活动，实现以评为鉴、以评促建；同时要持续增强质量文化意识，培育新时代职业本科特色质量文化，促进职业本科专业生态化、高质量、可持续发展。

第四章 职业教育本科课程体系建设研究

第一节 课程开发理论与模式

职业教育本科课程开发理论与模式是为了满足职业教育领域的需求，提供与实际职业要求相匹配的课程内容和学习体验。下面探讨一些常见的职业教育本科课程开发理论与模式：

第一，职业能力导向理论。职业能力导向理论[1]强调培养学生在特定职业领域所需的实际工作能力。课程开发基于职业分析和需求预测，着重于培养学生的实际操作技能、问题解决能力和创新能力。这种理论的重点是将理论知识与实践技能紧密结合，使学生具备直接就业或职业发展所需的能力。

第二，问题导向学习模式。这种模式将学习过程设计为解决实际问题的过程。学生在课程中面对真实的职业问题或案例，通过独立或团队合作的方式，进行问题分析、解决方案的设计和实施。这种模式强调学生的主动学习和实践能力培养，使他们在解决职业挑战时能够灵活运用所学知识和技能。

第三，工作场景模拟与模拟实训。这种模式通过模拟真实的工作场景，让学生在虚拟或仿真环境中进行实际操作和训练。学生可以通过虚拟实验室、模拟企

---

[1] 职业能力导向理论是一种职业发展的理论，旨在指导个人在职业规划、职业选择和职业发展方面做出明智、成熟和正确的决策。该理论主张每个人都具有独特的职业能力和兴趣，通过对这些职业能力和兴趣进行评估和探索，可以有效地协助个人确定适合自己的职业方向和职业目标。职业能力导向理论包括职业测评、职业咨询、职业教育及训练等多个方面的内容，可应用于各个阶段的职业发展过程中。

业、职业训练设施等来进行实际操作和技能培训，提高他们的实践能力和职业适应性。

第四，跨学科整合模式。这种模式通过整合不同学科领域的知识和技能，培养学生的综合能力。职业教育本科课程可以设计为跨学科的学习经验，涵盖相关的理论学科、实践技能和职业素养。这种模式旨在培养学生全面发展，具备跨学科思维和解决复杂问题的能力。

第五，实习与实践教学模式。这种模式强调学生在真实职业环境中的实习和实践教学。学生有机会在相关企业、组织或实验室进行实习，与职业领域的专业人士合作，并应用所学知识和技能解决实际问题。实习和实践教学模式使学生能够在真实的职业环境中学习和实践，加强他们的职业适应能力和就业竞争力。

第六，反转课堂模式。这种模式将传统的课堂教学颠倒过来，将学生的学习时间用于自主学习和实践，而将课堂时间用于讨论、互动和问题解答。学生通过预习教材、在线学习资源和任务完成等方式提前获得知识，课堂时间则用于深入讨论和实践应用。这种模式强调学生的主动学习和深度思考，激发学生的学习兴趣和创造力。

第七，社区合作与合作学习模式。这种模式通过与企业、行业协会、社区组织等外部合作伙伴的合作，提供学生与实际职业环境的接触和合作机会。学生与行业专业人士合作开展项目，参与社区服务或实践活动，从中获得实际经验和实践技能。这种模式能够培养学生的团队合作能力、社交技巧和创新思维。

第八，学习评估与反馈机制。在职业教育本科课程开发中，学习评估与反馈机制是非常重要的。除了传统的考试和作业评估外，可以采用案例分析、项目报告、实践任务、团队评估等形式来评估学生的综合能力。及时的反馈机制可以帮助学生了解自己的学习进展，并及时调整学习策略。

总结起来，职业教育本科课程开发理论与模式应该注重职业能力导向、问题导向学习、实践教学和跨学科整合等方面。这些模式旨在培养学生与职业要求相匹配的实际能力和综合素质,提高他们的职业竞争力和就业成功率。同时,不断改进和更新课程开发理论与模式,以适应不断变化的职业教育需求和社会发展的挑战。

第二节 课程开发的问题与工作分析

职业教育本科课程开发面临一些问题和需要解决的工作,常见的问题与工作如下:

第一,职业需求的变化。职业领域的需求和技能要求不断变化,需要及时了解行业趋势和就业市场需求。相关的工作包括与行业合作伙伴进行沟通和合作,进行市场调研和需求分析,以及更新和调整课程内容和结构,以确保与实际职业需求的匹配。

第二,实践教学的安排。职业教育强调实践能力的培养,需要提供实习和实践教学的机会。相关的工作包括与企业和组织建立合作关系,安排学生的实习和实践项目,监督和评估学生的实践表现,并为学生提供实践指导和支持。

第三,跨学科整合的设计。职业教育本科课程需要整合多个学科领域的知识和技能,培养学生的综合能力。相关的工作包括课程设计师与各学科教师的合作、课程的整合和衔接,以及跨学科学习体验的设计和评估。

第四,教学方法和评估手段的创新。职业教育本科课程需要采用创新的教学方法和评估手段,以提高学生的学习效果和能力培养。相关的工作包括研究和应用新的教学技术和教学资源,设计和开发互动式学习工具和在线学习平台,以及评估学生的综合能力和实践表现。

第五,职业导向的辅导和就业服务。职业教育本科课程的开发还需要考虑职业导向的辅导和就业服务。相关的工作包括为学生提供职业规划和发展的指导、组织职业技能培训和实践准备、与企业和行业进行就业对接,以及跟踪和评估学生的就业情况和职业发展。

第六，持续质量保障与改进。职业教育本科课程的开发需要建立持续的质量保障机制和改进体系。相关的工作包括建立评估和反馈机制、监督课程的实施和效果、收集和分析学生和行业的反馈意见、进行课程的评估和改进。通过持续的质量监控和改进工作，确保课程的质量和有效性，满足学生和行业的需求。

第七，教师培训与发展。职业教育本科课程开发需要关注教师的培训和发展。相关的工作包括提供教师培训课程和资源，帮助教师掌握最新的教学方法和技能、加强与行业的联系、提升教学能力和职业素养。通过教师的专业发展，能够提高课程的质量和学生的学习体验。

第八，资源支持与合作伙伴关系。职业教育本科课程开发需要充分利用各种资源和建立合作伙伴关系。相关的工作包括获取教学资源和设备，与行业合作伙伴建立联系，利用企业实践基地和实验室等资源，提供学生与实际职业环境接触和实践的机会。通过资源支持和合作伙伴关系，能够丰富课程内容和提升学生的实际能力。

总结起来，职业教育本科课程开发的问题与工作主要包括职业需求的变化、实践教学的安排、跨学科整合的设计、教学方法和评估手段的创新、职业导向的辅导和就业服务、持续质量保障与改进、教师培训与发展，以及资源支持与合作伙伴关系的建立。通过解决这些问题和开展相应的工作，能够确保职业教育本科课程与实际职业要求相匹配，提高学生的职业竞争力和就业能力。

第三节　职业教育本科课程的开发与实施

"随着职业教育课程基础论的新发展，专业知识为职业本科课程内容开发提供了新视角，从而奠定了职业本科课程内容以生为本的价值取向，强化了职业本科课程对基础性理论知识的重视，促使职业本科课程内容开发从任务转向情境。"[1]在专业知识分析视角下，职业本科课程内容开发应遵循的基本原则包括现实性与适度超前性并存、层次性与衔接性并重、专业性与跨界性并举。职业本科课程内容在开发依据方面，应编制职业本科课程标准，规范课程内容开发；在开发主体方面，应汇聚多方主体力量，助推开发工作科学高效；在开发方法方面，应回归抽象的工作情境，在工作问题中聚焦专业知识；在经验借鉴方面，应统筹试点学校开发工作，强化"经验分享"的示范作用。职业教育本科课程的开发与实施是一个系统性的过程，涉及多个环节和工作步骤。职业教育本科课程开发与实施的一般步骤具体如下：

第一，需求调研与分析。首先，进行调研和分析，了解目标职业领域的需求和就业市场的趋势。这包括与行业合作伙伴、雇主和专业协会的讨论，对行业数据和报告的研究，以及与已经就业的职业人士的访谈等。通过这些工作，明确课程的目标、内容和结构。

第二，课程设计与制定学习目标。基于需求调研的结果，设计和制定课程的学习目标和教学大纲。学习目标应明确描述学生应该掌握的知识、技能和职业素养。教学大纲则规划课程的结构、模块和教学活动。

第三，教材和教学资源开发。根据课程设计和学习目标，开发相应的教材和教学资源。这可以包括教科书、讲义、实验室手册、多媒体教材、在线学习资源等。教材和资源应与课程目标和实际职业要求紧密结合，提供学生学习所需的理论知识和实践技能。

第四，教学方法与评估策略。确定适合的教学方法和评估策略。教学方法可以包括讲授、案例分析、小组讨论、实践实验、项目作业等，以培养学生的综合能力。评估策略应基于学习目标，包括形成性评估和总结性评估，以了解学生的学习进展和能力发展。

第五，教师培训与发展。为教师提供相关的培训和发展机会，使其熟悉课程

---

[1] 李琪，李美仪.职业本科课程内容开发：视角、原则与行动策略[J].职教通讯，2021（8）：32.

目标、教学方法和评估策略。这可以包括教学培训课程、教学观摩、教学团队合作等。教师的培训与发展是确保课程有效实施的重要环节。

第六，实践教学与实习安排。根据课程的实践性要求，安排学生进行实践教学和实习。这可以通过与企业和组织的合作来实现，提供学生在实际职业环境中应用知识和技能的机会。教育机构可以与企业建立合作伙伴关系，确定实习岗位和项目，并提供学生的实践指导和监督。

第七，教学管理与质量保障。确保课程的有效实施和质量保障是关键。教学管理包括制订教学计划、安排教学活动、管理学生选课等。同时，建立质量保障机制，包括监测课程的实施进度和效果，进行学生评估和教学评价，收集反馈意见，并进行持续改进和优化。

第八，学生支持与职业指导。为学生提供全方位的支持和指导，帮助他们顺利完成课程和就业准备。学生支持可以包括学术辅导、个人发展指导、就业准备培训等。职业指导方面，提供职业规划指导、就业资源和机会的提供，帮助学生了解就业市场需求，提升自身职业竞争力。

第九，课程评估与改进。定期进行课程评估和改进，以确保课程的有效性和与职业要求的匹配。通过收集学生和教师的反馈意见，进行学习成果评估和课程效果评估，识别存在的问题和改进的方向。根据评估结果，进行课程内容、教学方法和评估策略的优化和调整。

第十，持续发展与更新。职业教育本科课程需要与职业领域的发展保持同步，不断进行更新和调整。持续发展包括与行业合作伙伴的交流和合作，参与行业研究和项目，了解最新的技术和趋势，及时更新课程内容和教学资源。

第十一，持续跟踪与反馈。开发与实施课程后，需要进行持续跟踪和反馈。这包括监测学生的学习成果和职业发展情况，收集学生、教师和雇主的反馈意见，了解课程的效果和对职业需求的响应程度。通过反馈和数据分析，及时进行调整和改进，以不断提升课程的质量和实效。

第十二，行业合作与实际应用。职业教育本科课程的开发与实施需要与行业合作伙伴建立紧密的联系。行业合作可以包括行业专家的参与、企业提供的实践机会、行业案例的引入等。这有助于将理论知识与实际应用相结合，提升学生的实践能力和就业竞争力。

第十三，持续专业发展与研究。教师和课程开发团队需要进行持续的专业发展与研究。这包括参加行业会议、学术研讨会，进行教育研究与创新，与同行交流经验与最佳实践。通过持续的专业发展，教师能够保持教学的活力和创新，为课程开发与实施提供支持。

职业教育本科课程的开发与实施是一个不断迭代和持续改进的过程。随着职业需求的变化和教育环境的发展，课程需要不断地更新与优化，以确保学生能够具备与时俱进的职业技能和知识，为职业成功做好准备。通过与行业合作伙伴的紧密合作、学生的参与和反馈、教师的专业发展及有效的教学管理，职业教育本科课程能够更好地满足学生和职业市场的需求。

第四节　职业本科实践课课程体系的建设

职业本科实践课程的体系建设是为了提供学生实践能力的培养和职业素养的发展。职业本科实践课程体系建设的步骤和内容具体如下：

第一，课程目标确定。首先，明确职业本科实践课程的培养目标。这可以包括培养学生的实际操作能力、解决问题的能力、团队协作能力、沟通能力等。通过明确课程目标，能够为后续的课程设计提供指导。

第二，课程分类与模块划分。根据职业本科实践课程的特点和目标，将课程进行分类和模块划分。例如，可以按照不同的职业领域划分课程，或者按照不同的实践技能划分课程。每个模块可以涵盖特定的实践技能和知识。

第三，实践教学方法。确定适合的实践教学方法，以促进学生的实践能力和职业素养的发展。这可以包括实验、实训、项目实践、实地考察等。通过实践教学方法，学生能够在真实的环境中运用所学知识和技能，提高职业能力和解决问题的能力。

第四，实践教学资源。提供适当的实践教学资源，以支持学生的实践课程学习。这可以包括实验室、实训设备、模拟场景、实践项目等。通过提供充足的实践教学资源，学生能够获得实际操作和应用技能的机会。

第五，实践教师培训。为实践课程的教师提供相应的培训和支持。教师需要掌握实践教学方法和技能，了解行业实践要求和最新发展趋势。培训可以包括实践教学方法的培训、行业实践经验的分享、教学案例的研究等。

第六，实践项目与合作。通过与行业合作伙伴的合作，为学生提供实践项目和实践机会。这可以包括实习、实训项目、实践研究等。与行业合作可以提供学生与真实职业环境接触的机会，增强他们的实践能力和职业素养。

第七，实践课程评估。建立有效的实践课程评估机制，以确保学生在实践课程中达到预期的学习成果。评估可以包括学生的实际操作能力评估、项目成果评估、实践报告评估等。通过评估结果，可以了解学生的实践水平和能力，并进行必要的调整和改进。

第八，跨学科融合。职业本科实践课程的体系建设可以考虑跨学科融合的要素。例如，将实践技能与相关的理论知识结合起来，让学生在实践中获得更全面的学习体验。这有助于培养学生的综合能力和跨学科思维。

第九，职业发展支持。在实践课程体系中，为学生提供职业发展支持是至关重要的。这可以包括职业规划指导、就业准备培训、职业导师指导等。通过帮助学生了解职业发展路径和市场需求，他们能够更好地规划自己的职业发展。

第十，持续改进与更新。职业本科实践课程体系建设需要进行持续的改进和更新。通过不断收集学生、教师和行业的反馈意见，了解课程的效果和改进的方向。同时，紧密关注职业领域的发展和变化，及时更新课程内容和教学资源。

职业本科实践课程体系的建设需要教育机构、教师、行业合作伙伴的共同努力。通过合作与协作，确保实践课程的有效实施与职业要求的匹配，为学生提供全面的实践能力培养和职业素养发展的机会。同时，持续的评估和改进，以及关注学生的职业发展，能够不断提升实践课程的质量和实效。

第五章 产教融合型课程开发路径

第一节 产教融合及其功能与作用

产教融合这一理念首先在江苏无锡市技工学校被提出来，之后逐步扩散，最终引起了教育界的普遍关注，成为实践教育关注的重点。"产教融合的相关构想是一个从无到有、从模糊到具体的过程，这符合事物发展的一般规律，更符合教育发展的规律。"[1] 传统的学校人才培养模式——校企合作有其局限性，而产教融合在一定程度上弥补了一些不足，并在更深层次上实现了学生与生产实践的融合发展。学生与产业这两个主体的深度合作有利于提高教育行业与企业的发展水平，从而实现学校办学与企业效益的双丰收。

产教融合与校企合作相比，学校与企业的合作深度不同，紧密程度不同，产教结合的形式也不同。产教融合的最大优势在于学校与企业达成的纵深、高效、稳定、紧密的关系，通过产教融合的培养方式，学校办学实力和企业发展实现了双赢。产教融合培养模式有两个不同的发展方向：一是培养实践水平高、创新能力强的实用人才；二是培养以研发和学术研究为主的科研人才。无论是哪种培养方向，产教融合的最终结果都是一样的。学生适应社会的能力、个人综合素养得到了显著提高，能更加顺畅地完成从校园到企业、从学生到社会人的转变；企业获得了高素质的人才队伍，使劳动力这一生产力发展中最活跃要素的素质得到了大幅提升，这势必会促进区域经济水平的提高，进而推动整个社会的发展。这一连锁的发展链条让越来越多的学校和企业看到了新契机，并主动参与其中，产教

---

[1] 黄艳. 产教融合的研究与实践 [M]. 北京：北京理工大学出版社，2019：2.

融合因此进入了发展的快车道。

产教融合对学生、学校、产业和社会而言是一个多方共赢的机制,尤其是对学生而言,既能够提升专业能力又能够为以后立足社会提供保障。传统的学校虽然给学生提供了实习的条件和场所,但是由于各种条件的限制导致了实习缺乏针对性和激励性。产教融合中有大量的实习、实践机会,而且这种实践是经过专门设计的、有针对性,与在校期间所学知识融会贯通的实践。传统学校实践的一个很大不足就是缺乏针对性,这导致学生所学与所用之间无法实现无缝对接,而产教融合则能够很好地弥补传统实践的缺点。

一、产教融合的发展流程

产教融合的发展历程有其曲折性,为了寻求最佳的合作方式,学校和企业这两个融合主体都经历了相当长时间的探索,最终学校和企业在秉持实现双赢、责任共担、利益共享的发展观念前提下,在相辅相成、相互约束的关系中达成了合作。在产教融合的实践中,业界比较认同的方式是:吸引在管理和技术上占优势的企业,鼓励其加入校企合作的联盟中。企业以管理和技术为要素加入生产,学校以学生和生产设备为要素加入生产。学校和企业联合制订教学生产计划、进行产品的生产,在产品生产的全过程中贯穿教学内容。由此,教师和学生学到了企业管理和产品生产的技术,学生熟悉了具体的产品生产流程,企业也在低成本的投入下使经济效益得以提高,学校和企业发展实现了双丰收。

社会经济的发展除了给职业教育提供基本的物质保障之外,还产生了以下重大的影响:更多实力雄厚的企业加入了校企合作的联盟,创造了优良的校企合作环境;职校学生有了更多实习和职业选择;职业教育教师个人素质提升,德才兼备、综合性强,职业教育教师队伍也更加壮大;经济发展,人们职业教育观念转变;等等。

社会不断发展,对人才的需求类型也在不断变化,实践型人力资源是近现代社会发展的产物。实践型人才指的是能从事一线技术操作的专业人才,他们能将专业知识和专业技能很好地结合起来，并高效运用于生产实践中，他们有专业知识、有动手能力，是当今社会发展亟须的人力资源。当然，随着社会的进步，教育历史的不断发展，实践型人力资源的定义也会发生变化，但是其关键要素是永恒不变的，那就是一线操作技能及将专业理论知识与实践结合的能力。有关实践型人才的培养，始终要坚持以实践能力培养为主，着重提高每个学生对理论知识的思考、掌握和运用，培养适合未来经济发展、社会发展的实践型人才。

当然，实践型人才的培养只是产教融合中的一个着力点，教师队伍、合作企业等因素同样需要重视。在社会经济发展的大背景下，产教融合水平在不断更新升级，对合作企业的质量和数量要求也有所提升，实践型人才的培养方案也需要不断调整。只有在学生、教师、企业和社会的合力作用下，才能达到职业教育为社会发展输送宝贵人力资源，为相关行业提供前沿理论、技术指导，进行技术支持服务等目标。

此外，学校注重产教融合水平和达到的高度的原则不仅体现在学校自身专业设置、教学层面、管理产教融合水平等微观方面，还体现在学校在宏观上将产教融合办学模式提高到一定层次，提高为学生、行业企业、政府及社会经济发展服务的能力。同时，学校应在保持自身优势资源、提高自身产教融合水平的同时，注重提高与行业企业、商业协会以及培训机构等多方主体合作的产教融合水平及合作深度，注重与地方政府、行业企业、商业协会等主体形成互利共赢，注重可持续和长远发展，注重兼顾社会效益和经济效益的合作关系。

二、产教融合的理论依据

（一）杜威的从做中学理论

美国的教育家杜威的"从做中学"理论闻名于全世界，从做中学理论认为，教育来自生活、教育来自生长、教育来自经验的改造。该理论的本质是提高学生的实践能力，让学生在实践过程中探讨问题、解决问题，将学到的知识应用到实际生活中，该理论正符合我国教育对学生所设定的培养目标。从做中学理论反映了杜威实用哲学的观念，他将哲学引到了教育领域中并产生了实用主义教育哲学理念。理念呼吁学生通过实践的方式，学习了解真实的世界，从学习知识的被动接受者变为主动开拓者实践者。在实践过程中，达到学习的目标。

杜威的从做中学理论应用到课堂教育中，主要体现在教师和学生之间的学习定位和教学方法的选择和使用上。在应用从做中学理论的初期可能会产生一种错误情况，那就是：教师承担了做的责任，为学生准备好了课堂学习需要的资料，而当学生真正开始学习的时候，教师反倒成了学习的旁观者。以这样的师生关系践行从做中学理论是错误的，结果是学生不知该如何做，没有目标也就不知道如何去学。

从做中学理论中的"做"是学生主动去做，在这个过程中，教师负责指导学生做的方向，无论是在课堂上还是在实验室，或者是在其他具体的学习时间空间内，也无论采取什么样的学习方法都需要教师对学习过程进行指导，但教师不再是学习的负责者，而是学习的指导者，教师的作用有以下几个方面：首先，创造真实的学习情境，通过情境提出问题激发学生对学习的兴趣。其次，在操作过程中，针对学生遇到的困难、疑惑或发现，教师需要进行及时有效的指导，并且引导学生通过操作总结经验道理，从操作中获取经验是对操作的升华，否则可能是无效的操作。最后，创设一个可以检验学生学习成果的情景。从做中学理论的重点是学生，学生是学习的主体，其学习过程是学生通过自我实践引发思考，最终学习到知识和道理的过程。在过程当中需要富有经验的教师对学习过程进行指导。在教师指导下学生进行自我思考，通过实际操作和对问题的处理以及思维的分析，学生可以从做的过程中获得知识。

我国职业教育越来越重视学生的实际动手能力和知识的应用性，强调知识的学习要适应社会的发展步伐、满足企业的用人需求。因此，在教学中我们要注重对学生实际操作能力的培养，无论使用何种教学方法，教学的重点都是教师的教和学生的学之间的有效互动。

（二）陶行知的教学做合一理论

陶行知先生是我国著名的现代教育家和思想家，曾在美国向杜威和克伯屈等教育学家学习教育理论，他积极地将所学的理论应用到中国的教育当中，结合当时中国社会的教育现状，陶行知先生开创了自己的教育理论。陶行知的教学做合一理论认为生活就是教育，社会就是学校，教学做应该合一。生活是教育，是最重点的理论，陶行知的教学做合一理论提出对传统教育观念和旧式教育观念做出及时的纠正，在指出教育形式的不足之后，给出了具体的处理办法。教学做合一理论强调教师应该改变教学方法，主动联系生活实际，根据生活实际进行知识的传授，明确教师的教和学生的学是教学的双重中心，而学生的做是能使学生获得能力的方式。

陶行知先生的教学做合一理论也适用于职业教育，产教融合的发展需要根据市场的人才需求调整学生的教学方式和学习内容，也就是陶行知先生提出的生活就是教育，这个理念清晰地指出了教育和社会发展之间应该同步，所以，学校应该根据生活就是教育这一理念改变学校对人才的培养目标和教学方法、教学内容，只有这样才能培养出满足社会需要的人才。

（三）福斯特的产学合作理论

福斯特的产学合作理论对当代教育产生了非常重要的影响，对教育的发展具有很高的指导性。产学合作理论认为在教学过程中应该以设计职业化的课程为出发点，以理论学习为切入点，最终实现人才的就业。与此同时，在学校中对基础缺乏的中低端人才更应该注重产学结合，在职业教育的发展过程中应该注重培养和改变以下三个方面：首先要规划好学校的发展规模，在培养学生基础能力的过程中，要考虑社会发展的步伐；其次要注重对学校教学内容的改革和创新，应该设置生产和学习交替的课程；最后要规划好学校中生源的占比，如果可以的话，应尽可能多地招收企业在职人员到学校进行理论知识的学习。

福斯特的产学合作理论产生于实践研究基础之上，有着大量的现实调研基础，很多内容在如今看来仍然具有高度适应性，符合当今社会的发展需要。例如，他提出的劳动力的培养需要符合企业对劳动力的需求，以企业的需求为培养目标；不能以简单的思维进行人才的培养规划，需要扎实的实践调研开展职业教育，对学生进行社会需要的针对性培训。福斯特的产学合作理论具有先进性，该理论指出了职业教育和研究性教育的不同，职业教育中实际动手操作能力高于理论思维能力，更需要的是实际动手能力和技能的获得，所以对职业学校而言，产学结合是非常实用的。

福斯特对产学结合理论的研究以非洲职业教育为研究对象，难免存在一定的局限性，其局限性主要体现在福斯特否定了学校形式的教育。福斯特对学校形式教育的否定不符合我国教育的发展情况，在我国学校教育是教育的基本形式，是我国职业教育法中所要求的。我国的职业教育以学校教育为主体，学校教育虽然存在一定的局限性和缺陷，但是除了对人才知识和技能的培养之外，学校形式的教育还可以培养学生的文化和素质，这是学校教育的优点，也是其他形式教育无法达到的。学校形式教育的缺陷可以通过教学方式、课堂设计等方式加以弥补。且社会的发展越来越多元化，教育的发展应该也是越来越多元化的，应该根据社会的需求选择多种形式的职业教学形式。

三、产教融合的主要特点

社会的发展变化体现在政治、经济及思想文化的全面发展上。随着社会主义市场经济产业结构的不断变化发展，产教融合也需要根据市场需求不断调整，具体表现为行业、产业、学校等多个主体的动态融合特点，具体如下：

（一）高层次立体式的融合特点

现代社会对个性化发展的需求越来越突出，市场经济追求多元化的同时也推动了产业类型的多样化，企业对多元化、综合能力突出的人才的需要量上升，这就要求学校健全以需求为导向的人才培养结构。产教融合全方位服务社会的目标要求这种融合不应是单一的合作，而应是更高层次、纵深化、立体化的产教融合。区别于传统校企合作低层次、平面的融合形式，产教融合打破单一或双向合作的形式，促进了教育链、人才链与产业链、创新链的有机衔接。立体式融合后的职业教育体系囊括了生产、教学和科研特色，自身在成为生产主体的同时，还联动企业直接创造了经济效益，在培养大批产业发展需要的技术人才同时，还为产业的可持续发展提供了智力支持。

基于市场对可持续发展人才的需求，学校需要强化就业市场对人才供给的有效调节，产教融合形式能很好地促进市场机制发挥出调配非基本公共教育资源的作用。企业需求的人才类型为学校培养方向提供了指引，学校输送给企业满意的人才也促进了企业经济效益的提高；产教融合组织内部开展的基础研究、应用研究等，为产业发展提供了理论依据，为职业教育内容提供了前沿的信息资源，加速了行业的创新、教育的与时俱进。由此，企业、院校、科研三者的立体化融合形成了良性的循环体系，产生的合力会不断向外扩散，发挥积极的社会作用；经济的发展、社会的进步和教育的全面提升相辅相成、互相促进。

（二）面向市场需求的融合特点

产教融合的实施要遵循市场经济发展规律，理性对待优胜劣汰，建立灵活的专业预警和退出机制，引导学校及时调整设置雷同、就业连续不达标的专业或停止招生，最大化弥补产教融合运作机制的不足。因此，市场经济背景下的产教融合是一种面向市场的融合。教学、科研、生产三个主体深度融合，发挥着各自的优势，它们有分工也有联合，以最佳组合形式投入生产，从而产生最大的经济效益，营造良好的市场环境和前景，企业品牌的建立也使其在市场竞争中脱颖而出，产业化的发展衍生出与其他项目的深入合作，也使得整个市场更加井然有序。

（三）以企业需求为出发点的融合特点

培养人才一直是教育发展的一大目标，产教融合模式更是强调职业教育要从企业的需求出发，"引企入教"，促进企业深度参与学校的专业规划、教材开发、教学设计、课程设计、实习实训，使企业最大化地融入人才培养的环节。传统的职业教育忽视了市场这一"晴雨表"，没有找到企业与院校合作共赢的路径。以企业需求为出发点的产教融合，以社会、企业、学校等合作主体的需求为前提，时刻关注市场供求变化，以企业为主体推动协同创新和成果转化，不断调整、不断更新，以寻求各主体的发展平衡点。这样就更明确了各主体合作的方向，强化了合作各方的积极性、引领性。

（四）多主体管理式的融合特点

在产教融合发展模式中，多主体管理是其一大特点，如何确立好各主体的地位尤其重要，是为产教融合提供法治保障的前提。在以往的校企合作中，深度融合活动无法长久推进的关键原因是各个主体之间的权利与义务模糊，合作难以持久进行下去。但是，随着社会的进步和教育的发展，我们看到产教融合的主体正在发生变化，以院校为主体的传统模式逐渐消失，取而代之的是企业和行业主体地位的强化，骨干企业的引领作用也在不断加强。我们应该认识到有效的产教融合是建立在社会、学校、企业等组织合理分工、共同管理、权责分明前提之下的，各主体在明确的权责范围内发挥着各自的优势，主人翁意识不断增强，核心企业的管理制度在对学校和其他合作单位进行规范的同时，也使得产教融合管理工作更加顺利地推进。

四、产教融合的构建原则

产教融合的构建原则主要包括以下方面：

（一）多主体原则

多主体共同参与是产教融合发展中一个十分重要的原则，多主体主要包括政府、学校、行业与企业、学生、社会这五大主体。全社会应该通过舆论倡导和弘扬创业文化的方式，使社会民众从思想观念、心理意识、行为习惯和价值准则等方面形成转变。同时，引导社会力量加入督导和评估工作中来，形成社会合力共同推进产教融合。学校作为另一个执行主体,应与社会力量对接形成合力,共同推进校企一体化协同育人模式的发展并改革校企共建就业前实践专门基地的建设机制,尽可能地为学生创业实践提供更多资金、场地和设备等硬件条件,使学生能够通过模拟现代企业管理的真实环境,掌握市场经济运作的技术,这样做不仅能够培养学生的职业技能,还能够培养他们的创业素质。

在产教融合中,学校要提高自身的人才培养产教融合水平,因为它直接影响着产教融合的培养水平。学校产教融合的领导和管理主体是政府,政府的鼎力支持与强大的助推力在很大程度上决定了产教融合的顺利发展。正因如此,从宏观层面上,国家应积极搭建政策引领、措施落实和监督服务体系,并通过出台法律、法规和政策引导等方式,促进职业教育与行业企业的深度融合。

产教结合的主要执行主体是学校,学校肩负着社会发展的重任,发挥着培养创业创新人才的主导作用,是教育事业中举足轻重的角色,承担着极为重要的职能。产教融合的对接主体和受益主体是行业和企业,高素质人才能够极大地提高生产力,推动产业创新与升级,在很大程度上提升企业的竞争力,帮助企业在经营中获得更好的效益,使行业和企业收益提高。产教融合的学习主体和受益主体是学生,产教融合的参与和监督主体是社会。

(二)自组织原则

产教融合在探索时期的发展主要依靠企业和学校的自组织。自组织指的是事物自身结构化、有机化、有序化和系统化的发展过程,在这一过程中,自组织发展逐渐成为一种共识。在学校中产教融合教育的开展包含自组织行为,具有明显的自组织演变特性。但是,当政府意识到要通过政府行为对产教融合进行调控时,自组织原则就会被打破。在产教融合过程中,可以通过三个方面(符合性、适用性、经济性)来检验产教融合的水平情况。符合性能够检验人才培养与市场需求之间的匹配程度,适用性能够检验所培养的人才适应相应岗位工作的程度,经济性能够检验所培养的人才创造经济效益情况。

（三）协同性原则

与自组织原则相对应的，是协同性原则。当产教融合处于探索阶段时，主要依靠的是自组织进行发展，但随着发展的不断深入，各利益群体之间必然对协同发展有所需要。在这种情况下，协同性原则就产生了。协同性原则对探索行业、政府与用人单位、学校之间的协同作用有所助力，这种作用也就是整体与部分、要素与子系统之间的作用，通过探索能够增强学校产教融合多主体之间的协同性。在产教融合开展协同合作过程中，最为关键的一点就是在五个主体之间，特别是政府、行业与企业之间，充分展现出主体的主动与积极性。

每个主体都应该积极做好自己的事，只有这样才能达到协同发展的目的。政府要通过各种手段不断完善法规政策，以保证制度的约束力及系统的政策激励。学校一方面要提升自身的社会服务能力，另一方面还要在吸引企业参与学校产教融合方面展现出更大的吸引力，创造更多的合作机会；行业和企业要以人才培养为己任，积极参与学校的产教融合工作，为学校提供更多的资源平台与合作空间；全社会都要通过宣传强化学校产教融合的重要意义，提升社会认知度和群众参与度。每一个主体都应该在内容、目的、资源、时间、责任和成果等方面加以协调，以构建政府有效管理、企业主动对接、社会广泛参与、学校积极主导及学生严格执行的产教融合机制为最终目标。

在评价产教融合水平时，应从符合性、适用性及经济性这三方面入手。只有提高教育教学产教融合的水平，提升毕业生的社会影响力，学校才能提高学校自身的社会地位，吸引更多的行业和企业参与产教融合，提高职业教育产教融合的合作深度。

（四）共享性原则

当前共享经济已成为社会经济发展的重要组成部分，共享性原则的重要性越加凸显。共享性原则也是产教融合十分重要的原则。产教融合、产学合作模式能够共同培养社会需要的创新创业人才，在此模式下，国家、学校、行业、企业、学生等各方面主体都将成为受益者。在共享性原则的要求下，市场要充分发挥出应有的资源配置作用，要建立健全激励互惠和利益分享等机制，使各主体做到共同承担责任、共同享受利益。产教融合是现代职业教育的重要特点及重要制度，从产学融合到产教融合的过程充分体现了产教融合具有向深度和广度发展的趋势，能为学校创新教育机制提供更加宽广的路径。

要使职业教育制度适应社会主义市场经济发展的需求，职业教育必须具有市场性。某种程度上，人才培养可以检验出职业教育的市场性，即职业教育能否达到市场发展的要求。为提高职业教育的市场性，院校应在现有职业教育课程基础上，强化有关产业融合的内容，将课程划分为与工作过程相关和与社会生活相关的两个部分，培养学生的综合职业能力和可持续发展能力。

产教融合的本质是教育和产业的融合，其最基本的助推力来自政府和市场。因此，在产教融合发展过程中，一定要发挥出政府的主导作用，同时尊重市场规律在校企合作中发挥的决定性作用。在组织领导体制建设方面，要打破行政部门之间存在的壁垒，学习国家多部委联合推进就业工作的领导体制，自上而下地建立起相关部门协调联动的组织结构。

五、产教融合的影响因素

在产教融合过程中，影响学校和企业合作的因素繁杂众多，它们相互影响、相互作用、相互串联，有的是并列关系，有的是因果关系，有的甚至表面毫无关系但是间接存在联系。这些因素之间存在着相对的不确定性，各种作用的强度和关系准确性也较低，这些都增加了产教融合的复杂性和难度。因此，若要对影响产教融合的相关因素进行全面综合的分析评价，必须对各个因素从多个角度进行综合考虑，这样才能保证分析的科学性。

（一）产教融合的主体影响因素

1. 学校因素的影响

（1）领导的办学理念和领导力。在经济环境中，行业压力不断增大，产业结构面临着深度调整，人才培养的规模和规格与经济转型期存在着较大的出入。学校如何找到与社会、企业、市场的利益结合点，破解办学难题，对市场的反馈做出快速响应，走出校企合作的困境，真正找寻出一条适合学校和企业的合作办学之路，是每一所学校都不得不面对的问题。在这种情况下，学校领导的办学理念和领导能力的重要性格外凸显。所谓领导力，是带领成员致力于组织长期发展、建立愿景目标、激发成员的积极性和热情、保证战略妥善实施等能力。其主要包含四个维度和十二项内容，即明道——价值取向：自我领导、共启愿景的能力；取势——趋势把握：思维规划、决策、判断的能力；优化——组织运营：创新、解决问题、实践调查、劝说的能力；树人——人才发展：对他人的理解、培养下级、调动下级积极性的能力。其中，思维规划和决策能力是最重要的两种能力。对一个组织而言，领导就是这个组织的"大脑"，思维规划和决策的质量是决定组织成败的关键；对领导者自身而言，思维规划和决策的质量则是领导者自身能力的体现，直接影响着领导的公众威信和人格魅力。

学校领导的办学理念和领导力对产教融合的主要影响有以下两方面：①学校领导对影响校企合作相关市场信息的捕捉和响应速度，尤其是一些隐性的、不明显的信息。高等院校办学理念的先进程度和开放程度，直接决定着学校与外部经济环境和市场环境联系沟通的频度和紧密度；学校领导的领导力是决定学校市场经济意识的重要因素，直接关系着学校对国家宏观经济发展战略、地方政府的教育发展规划以及相应法律法规的领悟程度。这些都将对校企合作的走向产生直接影响。②影响跟进合作企业的积极性和信任度。学校领导，尤其是校长的办学观、决策观、管理观和格局观会决定学校的发展机遇、影响学校的社会形象以及关乎学校未来，同样也影响企业与学校合作的意愿和方向。这主要可从两个方面进行理解：一方面，学校领导对产教融合的理解、态度、重视程度和全局的掌控能力直接决定了合作的可能性、合作的深入程度和合作的预期效益，关系着企业与学校进行合作的积极主动性和信任程度；另一方面，学校领导的办学理念代表着整个学校的办学思路和未来方向，影响全体教职工、在校生和毕业校友的利益和工作态度，进而影响校企合作机制在具体操作环节的执行顺畅程度和效率，影响主体双方的创新性、紧密性、友好性，影响校企合作的实际成效，最终影响校企合作是否能够长期稳定运行。

（2）师资队伍结构和水平。尽管不同学校的师资水平和结构存在着差异，但整体而言，学校属于人才密度比较高的行业群体，在校企合作过程中，企业更看重的是学校教师对企业需求的理解力，将企业的需求转化为日常的教学内容、教学案例的能力，以及带领学生进行实际操作和动手的能力，由此可见，师资队伍的结构和水平在校企合作过程中的重要性。师资队伍的结构和水平对产教融合的影响主要表现如下：

第一，师资队伍的结构和水平决定产教融合的层次、级别和获取项目的规模、质量，包括教师的专业能力、课堂教学能力、在行业领域中的任职经历、学术研究方面的科研成果质量、专利积累的数量和技术含量、大师级的引领性人物的社会声望以及运用已有的知识积累进行系统性创新的能力等。这些都会影响企业对合作的价值评估，决定着企业的合作意向。如果企业认为学校的师资雄厚、结构层次较高，就会觉得学校的科研生产能力和技术转化能力较强，能够满足企业的需求，降低企业的沟通成本和障碍，并为企业带来利益，那么就会增强企业的信任感，企业合作的意愿和热情就会高涨；反之，如果师资力量薄弱，科研能力有限，就会导致企业的不信任和质疑，那么企业就很难将时间和精力花费在这样没有实力的学校上。

第二，师资队伍的结构和水平决定着产教融合的执行效果和进一步合作的可能性。师资队伍的水平决定着教师的科研能力和技术服务转化能力，决定着人才培养的质量，而这些都决定着学校为企业提供服务的质量、科研成果的实际价值，进而决定着校企合作项目的实施效果和执行效果。企业非常看中学校教师的研究开发能力和进行技术服务转化的辅助配套能力，因为这直接影响着企业的合作利益期望能否实现，进而影响其实现市场利润和超额利润，进一步影响企业继续合作的意愿和投入程度。

（3）专业结构和特色。学校的专业划分依据主要有学科分类、社会的行业需求以及侧重领域，遵循兼顾基础性、学术性、实用性和就业的适应性原则，趋于专业面的延伸和拓展，向综合性发展。专业结构和特色是连接教育、社会和经济的纽带，是高等教育为社会服务、满足社会需求和经济发展提供人才支持的具体体现，是保证"输出对口"的关键环节。专业结构的合理性和特色的明显性，直接影响着学校对企业的吸引力，其具体影响主要体现如下：

第一，决定企业资源的投入程度。学校的专业结构和特色与当前经济发展趋势的契合度越高，就越能吸引企业的合作和投入；反之，则很难争取到与企业的合作。也就是说，学校的专业设置如果是该行业发展所需要的，那么企业就会倾向于与这所学校合作。

第二，决定地方政府的支持力度。为促进本地区经济的发展和产业结构的升级，地方政府特别重视本区域内产业人才的培养。如果学校的专业结构和特色专业的设置与地方经济的主导支柱产业所需要的人才的吻合度较高，那么地方政府便会给予充足的政策扶持，会为校企合作牵线搭桥并提供担保服务等。此外，地方政府为了发展经济，提高税收收入，一般会对主导型的支柱产业进行重点扶持，那么该领域的企业必然会借助政策优惠得以快速发展，从而间接地为学校获得更多的企业合作资源提供可能和保障。尽管如此，学校是否具备开设企业发展需要的专业能力，并能够根据企业的发展战略调整和具体需求及时快速地进行专业机构和规模的调整，同样也会对企业的选择产生影响。当然，这些问题的关键还在于学校领导的市场洞察力以及决策判断力。

（4）整体管理水平和执行力。在现代管理中，执行力实际上就是行动力，是指贯彻战略意图,有效利用周围资源,保质保量地完成预期目标的能力。对企业而言,这是将企业的战略规划和目标方略转化为实际经济效益的关键所在。决策和执行是任何管理中都不可缺少的环节,二者是相辅相成的关系。正确明智的决策是需要落实的,否则,便没有任何意义。由决策转向执行的状况好坏则取决于落实过程的状况,即落实的过程是否能够通过翔实、细致、认真、明确、可行的措施来彻底实现或兑现目标指标。具体而言,学校的管理水平和执行力也是相辅相成、相得益彰的,主要表现为以下方面:①学校领导层对校企合作的认知度、理解度和支持度;②中层管理者的组织协调和领会领导层用意的能力;③相关职能管理部门之间的配合、沟通、协调能力和效率;④执行的主体教师完成工作职责的意愿、认真程度、创新能力和积极主动性等。

执行力对个人而言就是指办事能力,对整个项目团队而言就是完成任务和挑战困难的战斗力,对整个学校而言就是学校的整体实力水平。学校的整体管理水平和执行力对产教融合的影响主要体现在以下方面:

第一,学校领导层对产教融合的认知度、理解度和支持度会影响合作项目的整体推进度。理念是项目的灵魂,是实施过程中的基本准则。鉴于学校和企业在合作过程中各自内部的管理机构和运行属性基本不变,在学校方,领导层依然对下面的管理中层、职能部门和执行团队成员具有直接领导和指挥作用,领导层的认识理解直接影响着合作项目推进的相关保障机制。领导重视和大力支持的事情,推进起来阻力和障碍自然就小,项目进程自然就会加快。

第二,中层管理者的组织协调和创造性解决问题的能力会影响产教融合项目的运行效果。中层管理者要有领会领导层用意的能力,进而转化为自身所处部门的行动力。任何校企合作项目的运行都必然要涉及学校人事、财务、资产设备、教学管理、学生工作和后勤保障等相关部门。这些部门的管理者是否具备及时适应改变的能力,能否勇于接受疑难问题的挑战,是否拥有开放的视野和解决问题的态度就显得尤为关键。如果职能部门的管理者不及时适应学校发展战略的变化，不能积极满足校企合作对相关职能部门的需求，那么校企合作项目执行的难度必然增加，也会挫伤相关院系和企业开展合作的积极主动性。

第三，相关职能管理部门管理机制的健全程度会影响产教融合项目的能否如期完成和实施效果。职能部门的服务教学一线的理念决定着服务的质量；部门之间的配合、沟通、协调能力和效率，决定着学校的现有资源能否形成合力效应，进而影响项目的预期；职能部门内部的管理机制和制度建设的系统性和完善程度，影响着部门能否根据学校和教学的变化及时做出响应；等等。所有这些都会直接影响学校内部资源整合配置和发挥成效，进而对校企合作的项目产生影响。

（5）人才培养形式和质量。学校人才培养的形式多种多样，除了常规系统的全日制教育外，还可以有成人脱产教育、远程教育、研讨班培训、专门性的短期培训等。对企业而言，人才的培养需求也是多层次的，如对高级精英人才、职能管理人才和基层管理人才的培养，在时间上也具有不确定性。学校人才培养形式的多样性对企业而言具有不小的吸引力，形式多样，可以满足企业各种、各阶段的不同需求，影响企业选择合作的兴趣方向。同时，人才培养的质量也是企业选择合作院校时考虑的指标。人才培养质量包括基础知识和应用知识的灵活掌握和运用能力，自我学习能力和创新精神，具有科学精神、掌握科学思考方法和创造知识的能力，具有人文素养、社会责任感等。人才培养质量在维持校企合作以及保证合作的层次性方面具有重要作用，但不是最重要的因素，因为人才培养的质量是由学校内部的其他所有因素决定的。

（6）相关硬件设施条件。所谓学校内部的硬件设施主要是指静态固定的、辅助教学任务的基础设施，主要涉及教学环境、学习环境和休闲锻炼的环境三个方面。具体而言，就是学校内部的教学仪器设备、实验训练条件、图书馆、教学楼以及信息化的手段等。优良的硬件条件不仅为学生提供了良好的学习条件，提高了学生学习的积极性和学习效果，而且是评价学校综合办学实力的重要指标之一。基础硬件设施是开展一切教学活动和合作项目的基础必备条件，直接影响着学校承担校企合作项目的能力。与其他的影响因素相比，相关硬件设施对校企合作的影响更直接、更直观。因此，为了推动学校和企业进行项目合作的可能性，加强相关硬件设施的建设也不容忽视。

综合来看，学校自身的六大影响因素并不是单独存在的，而是相互影响的。其中学校领导的办学理念和领导力是最为关键的因素，师资队伍结构和水平、专业结构和特色、整体管理水平和执行力、相关硬件设施条件四方面的因素起着决定和制约的作用，这些又共同决定着人才培养质量。此外，师资队伍的结构和水平也会对专业结构的设置和特色的发展产生影响，决定着整体的管理水平和执行力，而整体的管理水平和执行力对相关硬件设备的引进、修缮和维护也会产生影响。

2. 企业因素的影响

（1）企业的价值观。企业的价值观决定着企业的经营理念和企业的道德观念，企业的经营理念决定着企业的经营战略、经营方向和经营目标，企业的道德观念决定着企业的社会责任意识。正所谓需求是产生一切合作的根本动力，校企合作深度交融也是如此。

第一，企业的经营理念是企业根据建立设想，结合自身的资源优势、科技优势、营销优势和未来的发展方向，通过对消费者和竞争者需求的反复确认，在不断追求企业绩效的过程中所遵循的基本准则。企业的经营理念决定着企业的合作方向、合作目的、合作内容和合作形式。企业的经营理念决定着企业的利益诉求是长期的还是短期的，长期利益诉求和短期利益诉求的合作对象、合作内容和合作方式显然不同。一般而言，追求短期利益的企业很难有创新需求和能力，而没有创新需求和能力的企业的生命也是短暂的，更谈不上长远的发展，就很难有校企合作的需求，即使有，也仅仅是寻求廉价劳动力以缩减成本，这并不利于学校的长远发展。如果企业追求的是长远利益，就必然会对欧洲管理大师弗雷德蒙德·马利克所总结的六个关键点有着深刻的理解认识。这六个关键点为市场地位、创新的表现、生产力、吸引人才的能力、支付的流动性、利润。如果一个企业的价值观能够有如此高度，那么这个企业就会是一个注重技术创新和人才储备的企业，企业才会有精力和有需求去考虑与学校进行创新合作、技术合作和人才合作等。从企业角度考虑，这是校企合作完成的第一步。

第二，企业仅仅有需求还是不够的，因为这时它可以选择任何合作方，合作对象不一定是学校，这就要求企业有强烈的社会责任意识以及合作育人的教育理念，而这正是由企业的道德观所决定的。企业大部分都是自负盈亏的私营企业，如果没有承担社会责任的道德行为，是很难支持教育事业发展的。

第三，企业的价值观取决于领导或领导层的价值观。尽管企业和学校的合作是两个社会组织的合作行为，但归根结底还是两个组织的领导或领导层达成的合作共识。简单来讲，企业领导的价值观是跟企业的利益始终是保持一致的，直接决定着企业是否参加校企合作以及合作的程度和形式。价值观是企业的核心管理思想，是决定企业能否持续增长和繁荣的关键，也是决定校企合作能否达成的第一关键因素。

（2）企业的行业属性和规模。

第一，企业的行业属性决定着其合作的意向和迫切度。在新兴的高精尖行业，如医药企业、生物工程企业、国际金融投资企业等，这些企业选择与学校进行科学研究的意愿比较强烈，主要是因为这些行业都是专业性极强的行业，需要专业性极强的人才和科研成果的支撑。而学校在该行业中由于具有较强的科学研究水平和实力，对当前最新的研究方法和成果都具有较准确的掌握和积累，经过多年的技术积累和成果产出，具有较强的创新能力，或者说更能在最短的时间内理解企业的需求，完成企业的定向研究。最重要的是学校的大部分研究成果并未进行技术转移和市场转化，一旦企业选择与学校合作，便能够成功获得这些科研成果的使用权，利用企业自身的生产、加工和销售优势，能够很快将成果转化为突破性创新产品，推向市场，占领市场，获得经济效益。

第二，企业的规模决定着校企合作的具体形式。为了研究的统一性，桑托罗将校企合作大致分为知识转移、研究支持、技术转移和合作研究等四种模式。经过他的研究分析得出，知识转移和研究支持是企业经常采用的两种模式，规模较大的企业通常选择这两种模式加强其在非核心产业技术方面的实力，而规模较小的企业通常选择这两种模式加强其在核心产业技术方面的实力，这主要是因为大规模企业财力雄厚，为了始终保持产业技术的绝对优势，必须拓展技术积累和数量，以保证其时刻具有较强的技术实力和主导力，因此有精力、有实力、有意愿对一些未来可能发展成为核心技术的产业领域进行基础研究和技术研发。但是鉴于这些技术与企业自身的主流核心技术相差较远，在市场和时机未成熟的情况下，还不能投入太多，因此采用与学校专业团队的合作就是最节约成本和效果最好的途径。

对小规模企业而言，主要以拓展市场，占领市场份额为主要目标，更受其人才和资金的限制，根本没有精力和时间进行核心产业技术的研究，这部分研究虽然重要，但不是小规模企业最迫切的。面临大规模企业的竞争压力和外界环境的日新月异，小规模企业如果想在投入较少、取得的收益较大而且周期不能太长的情况下获得核心技术的突破和创新，那么与学校进行定向合作研究就是最经济的路径选择。但是，这种大规模企业与小规模企业选择与学校合作的意愿以及合作的方式并不是一成不变的，不同的国家在不同的区域以及不同的发展阶段都会存在差异。

第三，企业的行业属性决定着企业自身产业的生命周期。企业的产品周期一般分为发展、成长、成熟和衰退四个阶段，每个周期内对资源和技术类型的需求是不同的。例如，在发展期中，企业迫切需要推出新产品、拓展市场、增加市场占领份额，这时注重的是技术合作，与学校合作的目标主要是获得已有的、比较成熟的技术成果。而在成熟期，企业的规模一直处于不断扩大状态，规模经济效益的红利已经达到峰值，这时就需要创新，创新需要人才，这时企业就会与学校进行人才联合培养项目的合作。因此，企业的产品周期决定着企业参与校企合作的动机、方向和参与程度。

（3）企业参与合作的投入产出比。企业参与校企合作的投入产出比直接决定着项目能否达成以及合作的质量和层次。在市场经济环境中，企业作为自负盈亏的利益导向型社会组织，对自己的任何投入都是由产出比衡量的，总体思路是降低成本投入，获得利益最大化。从本质上讲，企业与学校进行合作，也是一种变相的投资，当投入产出比较高时，企业参与校企合作的意愿就比较高，产出比越大，企业的投入可能越高。此外，对正在进行合作的项目而言，企业从合作项目中获得的利益足够多，还与企业的需求吻合，那么继续合作的可能性就较高。

（4）企业的吸收能力和研发能力。企业的吸收能力是指企业在已有知识储备的基础上，通过挖掘和学习等手段识别信息、吸收信息，并将外部知识变成内部知识、将隐性知识变为显性知识，最终将这些知识和信息应用于市场产生商业利益的能力。企业的吸收能力是知识进行传播转移过程中的关键，决定着企业对人才层次的需求等级，其强弱会影响校企合作的整体绩效，即企业与学校合作的整体效果取决于企业的吸收能力。对人才层次的需求则决定了企业的选择，当人才需求层次较低时，则可能倾向于去劳工市场直接招聘，尽可能地节约人力成本；当人才需求层次较高时，企业与学校达成人才定向培养的相关项目的意愿就会增强。企业对人才层次的需求取决于企业的生产方式，企业的生产方式又取决于企业的价值观、行业属性和规模。

企业的研发能力是多层次、多维度的，是企业在特定的时空范围内针对企业面临的重要事件、技术难题和外部竞争有意识地进行响应，以获得或维护市场竞争优势的能力。这是一种涉及多种具有互补性和协作性的能力。如果企业的研发能力很强，超出业界水平，则企业寻求学校研究开发支持的意愿一般就会降低。但是，有时企业也会为了解决某一个具体问题，去寻求定向研究开发的合作。企业的研发意愿取决于企业的市场竞争环境，企业的市场竞争环境又取决于区域经济的发展态势。

总而言之，企业参与合作的投入产出比是企业是否参与合作的决定因素。同时，其他影响因素之间也是相互影响、相互平衡、相互制约的，以此形成合力从各个角度作用于校企合作。

（二）产教融合的环境影响因素

1. 内部环境因素的影响

产教融合的内部环境因素是学校和企业能够达成合作的内力，主要包括经济效益因素、创新资源因素、主体战略因素、技术积累因素以及潜在风险因素等。

（1）经济效益因素。经济利益是学校和企业实现合作，并保持合作的最直接、最根本的动力，企业的最终目的是为了追逐利润的最大化，学校的最终目的是实现教育资本的丰富积累，二者进行合作的根本目的在于获得高于单方面运作所带来的效益。经济效益因素所包含的内容较多，既包括宽裕的现金流、先进的资产设备、现代化的生产环境等显性经济利益，也包括专利、知识产权、分析报告、智力智囊等隐性经济利益。

根据实现的周期长短，经济效益可以分为长期利益和短期利益。长期利益有利于维持校企合作的持续性和稳定性，短期利益有利于促使校企双方达成合作共识，二者对校企合作具体模式的影响存在差异。如果学校和企业在合作过程中都是为了追求短期利益，在合作过程中会主要考虑现有已经较为成熟的技术成果、产业格局、市场布局，进而寻求生产要素方面的快速创新、合作和互补。如果学校和企业在合作过程中都是为了追求长期利益，在合作的过程中会主要考虑创新的方向、产品的新工艺研发、新技术的推广和实验，并尽量忽略在合作过程中产生的短期利益的流失，最终实现的是几倍于流失的短期利益的长期利益。总体而言，产教融合机制构建的本质在于不断创新经济效益的实现路径、保证速度和实现成本投入的最小化，经济效益因素会一直存在于校企合作的过程之中，并同时诱导双方不断克服困难，促成合作。

（2）创新资源因素。创新资源因素主要是为保障学校和企业能够持续顺利合作的相关要素,如人才、资金、技术、信息和设备等各种必备资源。在现实的市场经济环境中,学校和企业所拥有的创新资源都是有限的,不仅资源的分配不均或呈现极端现象,还会受到各种条件的限制,以至于不能充分发挥出其能量,这样就会很容易导致单个主体进行生产创新活动时由于缺少特定的资源而陷入停止状态。而恰恰是这种对于某种特定资源的迫切需求激发了学校和企业寻求合作伙伴的意识,双方均希望通过合作实现创新资源结构的优化和互补,提高和确保合作创新过程中的命中率和成功率。

企业在资金资源方面拥有较为自由的支配度,整体优势较为明显,但是在特定技术人才、智库资源和技术成果积累方面相对有限;而学校则相反,由于其自身财政来源的限制和商业运作的缺失,往往在研发资金方面存在很大的缺口,但是学校由于其相对稳健的科研状态和能力,积累了丰富的科研成果和技术资源,而且其天然的育人功能使得其在人才的数量和质量方面都处于明显的优势地位。学校与企业的合作,一方面企业的资金资源能够注入学校,助力学校的科研创新,为学校弥补资金缺口,学校的技术和人才也会源源不断地注入企业,填补企业的人才结构缺陷;另一方面在合作的过程中,企业所获得的最新市场信息和学校积累的技术信息能够寻求更好的融合点,实现合作创新与市场需求的即时接轨,为科研成果的创新转化和产学研结合的产业化布局打开局面。总而言之,创新资源因素在校企合作机制中的作用不容忽视。

(3)主体战略因素。主体战略因素主要是从主观意识形态层面对校企合作机制产生积极的促进作用,这区别于创新资源等客观层面的环境因素。战略主要是从全局考虑、谋划实现全局目标的规划,是一种长远的规划和远大的目标,周期较长。对学校和企业而言,战略主要是学校和企业领导层就未来长期发展所做出的宏观规划决策,一旦确定,就会是开展各项工作的基本准则。

尽管学校和企业在管理体制和运行方式上存在较大区别,但是其领导层对组织的作用是相同的,可以说领导层在校企合作创新方面的总体战略规划决定着学校和企业的两个主体的合作程度及频率。对重视主体合作战略的学校或企业而言，整个主体不仅在创新资源方面会有较大的投入，同时主体的组织内部也会形成有利于创新资源扩展和技术创新的管理体制，为生产、研发提供良好的环境，为创新的频率和效率提供更有利的条件。学校和企业的领导决策层如果把校企合作机制建设提升至发展的战略高度，那么在日常的科研、生产、生活中，学校和企业都会积极主动地去寻求符合自身发展、条件合适、目标类似的主体进行合作，并逐步确立合作关系，从而进一步稳固和提升自身的生产和创新能力。

此外，领导决策层对于校企合作机制的重视程度是影响主体间合作力度和效果的主要因素，同时也影响着双方的合作文化氛围，影响着双方的发展意识、创新意识和技术更新能力，进而对合作主体之间的合作效率和创新效率产生间接影响。总而言之，主体战略因素对于产教融合机制发挥着主观能动性的推动作用。

（4）技术积累因素。技术积累是指合作主体双方在发展过程中利用所掌握的知识存量不断进行技术更新和能力积累的过程。整体而言，技术积累因素是一个随时变化的动态连续性过程。不管是学校还是企业，都应与整个行业的技术知识积累的总量相比较。单独创新主体所拥有的技术和知识的现有存量是可以忽略不计的，单独创新的个体只有在发展的过程中不断增加和提高自身的技术知识总量质量，才能在整个行业群体中获得领先地位。退一步讲，即使是单独个体实现了行业领先地位的目标，那也无法保证在现实的生产活动中技术更新积累是顺畅的，很有可能遇到技术瓶颈问题。在这种情况下，单独依靠企业自身的条件是很难克服瓶颈的，甚至还会错过最佳解决时期，这时就需要依靠外部环境的支持。如果单纯依靠成熟个体的支持，所需成本往往较高，在这种情况下，选择合作、创造合作机会就会成为最佳的选择。在建立校企合作机制的情况下，学校或企业不仅可以吸收来自对方的技术知识，用好已有存量，而且在合作过程中还会产生更新型的、更节省成本的技术知识，最终保证校企双方在技术积累方面的合作共赢。

（5）潜在风险因素。任何形式的合作都存在着很大的不确定性，潜在风险无处不在。在合作创新中，双方投入的资源一般都比较大，但是合作能否产生预期的成果以及产生的成果能否最终实现产业化，创造出效益，并被市场认可，这些都存在着较大的随机性和不确定性，而且很多影响因素是不受合作主体控制的。这主要可从两方面进行分析：一方面对企业而言，企业是合作机制中资源的主要承担者，主要提供资金等学校所不具备的资源，通过与理论知识积累丰富的学校进行合作就可以削减风险指数，提高成功和资源共享的可能性；另一方面对学校而言，经费缺乏是所有学校都会面临的问题，因此对于学生的管理和培养等方面的创新就会在数量和规模上受到限制，而且本身承担风险的能力也不强，通过与企业进行合作就可以将此风险降低，甚至规避掉。因此，学校在没有资金负担和资源限制的情况下能更加深入地进行相关工作的推进。所以，降低和规避业务创新和拓展的风险也是促进校企合作的一个重要方面。

2. 外部环境因素的影响

产教融合是一个相对开放和灵活的系统，除了受到内部环境因素的影响，还要受到外部复杂环境的影响。若想实现学校和企业双方的合作，并保持合作的长久性，双方就必须对合作前景有充分的预估。这就需要充分考虑外部环境的多样性、复杂性和不确定性，最大限度地利用有利环境，规避不利环境，不断改善外部环境，以促进校企合作的良性发展并实现双方的合作诉求。校企合作机制的主体构成并不复杂，内部结构仅涉及学校和企业两个主体，相对清晰，校企合作机制构建的内部动力因素的分析和确定难度系数相对较小。但是考虑到社会是一个复杂的多面性组织，各种因素及其融合对校企合作机制会产生不同的影响，常常导致校企合作很难进行系统和有针对性的分析取舍。为了能够全面系统、科学准确地对校企合作机制中的外部环境因素进行分析汇总，下面借助PEST分析法进行分析。

PEST分析法是企业进行宏观环境分析时的一种常用方法，尤其是在分析一个企业集团所处的外部环境时会经常使用。其四个要素分别是：P是政治，E是经济，S 是社会，T 是技术。通过 PEST 分析法可以对校企合作所处的外部环境因素及其存在的可能影响进行初步的判断。鉴于任何外部环境因素的变化都会对校企合作产生影响，此分析方法的基本目标是为了甄别对于校企合作机制的形成和执行存在潜在影响的政策、力量、条件和趋势。如果学校和企业能够通过 PEST 分析法的科学分析对潜在阻力进行准备和采取行动，就可能实现变不利环境因素为有利环境因素；如果企业和学校能够同时进行有效判断，那么就可以更好地利用这些变化，准确把握关键因素。把握最佳时机，并确立合理的合作目标和合作方案，形成学校和企业充分合作的全局战略，并采取行动，从而使双方的合作始终能够处于一个相对良好的氛围和环境之中。

（1）政治环境因素。政治环境因素就像一只无形的手，其所产生的各种政策、法律法规、制度观念和价值观方向都会对校企合作的开展产生重要甚至决定性影响，任何形式的校企合作都是处于特定的政府宏观调控的背景之下的。因此，政治环境因素是影响校企合作的重要的外部动力因素和宏观因素之一。

对企业而言，政治环境因素会影响企业的监督管控、经济行为、发展趋势、转型方向、投资行为、消费能力和生产经营等相关活动；对学校而言，政治环境因素会影响学校的人才培养规模、培养方向、就业数量和质量等。政治环境因素对校企合作的影响具有不可预测性、直接性和间接性，兼有不可控和不可逆的特点。这些相关因素有时会单独作用于校企合作，有时会形成合力作用于校企合作，而且会对合作的方式、合作的层次和合作的利益分配产生制约和影响，尤为重要的是会影响校企合作的可持续性。校企合作的整体操作，必须符合现有的政府政策、导向和法律，积极响应国家的科技和经济产业政策，并与国家的主要发展战略保持一致，这样才能得到政府的支持，才能在大政方针下获得更多的合作和发展机会。同时，政治环境因素可以通过间接的实行各种优惠政策、有力的管理制度、健全的法律体系、政府额外补贴、明确相关职能部门职责等政策性支持或者直接介入校企合作的组织、管理、协调和创新过程中，提供资金支持和特定的人才培养计划，为校企合作进行政策性把关和支持，营造良好的政治环境。政治环境因素主要涉及两个主体：中央政府和地方政府，这两级政府对校企合作的影响是不相同的。

第一，中央政府因素。中央政府作为国家组织的具体机构和国家意志的具体执行者，影响着国家的发展方向和战略布局，对各行各业都产生着深刻的影响。就校企合作而言，中央政府对校企合作办学制定顶层设计，中央政府制定的政策法规及实施规定、职业资格证书制度都对校企合作有着重要影响。

一是中央政府对校企合作办学的顶层设计。中央政府对校企合作办学的顶层设计是充分考虑学校和企业各层次的需要和各相关要素，统揽全局，在最高层次上为校企合作进行高端总体构想，将校企合作的整体理念和总体规划进行具体化。中央政府通过对系统论的运用，从全局出发，追本溯源，对校企合作项目的层次、方向和各要素进行统筹引领，以集中有效资源、高效快捷地实现双方目标为基础，促使合作能互利共赢，进而促进国民经济的发展。中央政府承担着调配规划社会成员之间关系的职责，对校企合作进行顶层设计，对高等教育结合社会力量合作办学具有规范和引导作用。

尽管校企合作的动力源于双方的需求，但是双方在具体合作过程中的权利和义务仍然需要国家来进行引导和分配，以此来建立起双方各司其职、合作行为规范有序的良性循环合作系统，使合作结果能够有利于国民经济的发展。这主要体现在顶层设计的三个特性上：①顶层的决定性。顶层设计的运行方向是自上而下的，校企合作的主导理念和核心目标都由顶层决定的，学校和企业均认可这种高端决定低端、顶层决定底层的模式，因此对于顶层的设计内容完全信服、完全认可，只有这样，才能在合作过程中各尽其责。②整体关联性。顶层设计着重强调学校和企业各自的内部要素、资源整合、合作方式和行为规范都必须围绕着国家的主导理念和核心目标进行关联、衔接、操作和匹配。③实践可操作性。顶层设计的表述简洁明了，目标清晰明确，成果具备实际可行性，因此校企合作按照顶层设计的规划进行，不仅是可实施、可操作的，而且合作成果是可预见的。

二是中央政府的政策法规及实施规定。政策法规是具有法律约束力的行为规则的总和，相关政策法规的完善程度直接影响着校企合作的开展。法律法规是国家意志的具体体现，是国家对社会组织和个体行为进行规范、统制、支配和保护的重要依据和手段，它对校企合作的影响主要体现在三个方面：①校企合作如果没有相关政策法规的规定和支持，很难在大范围内进行有效开展。②学校和企业在校企合作过程中的权利和利益分配需要完善的政策法规进行管控和约束，以激发合作双方的合作积极性；同样，学校和企业在校企合作过程中的义务和职责确定也需要权威的政策法规来进行明确和规范，以保证校企合作能够有序地进行。③针对学校和企业在进行合作时所遇到的普遍性问题，中央政府可以通过出台一些政策文件，强制和引导并举，推动校企合作的进展。

三是职业资格证书制度。职业资格证书制度是按照国家统一规定的职业技能标准或资格条件，通过相关的考核机构，对劳动者的职业技能水平和专业知识进行科学、公正和客观的鉴定，并授予相应职业资格证书的制度。这是我国劳动就业制度和高等教育制度的一项重要内容，也是我国人力资源开发的一项重要战略举措。健全的职业资格证书制度是校企合作的有力助推器，其具体表现为：①职业资格证书是持有者求职的资格凭证，是企业招录员工的重要依据。由中央政府进行统一规范的职业资格认证制度具有较强的权威性，减少了企业重新认证的麻烦和成本。企业所属行业所需要的人才具有相对的集中性，而学校的专业性决定了毕业生持证的相对集中性。久而久之，就会自动促成企业和学校的关联，并开展除了人才定向输出之外的其他更深入的合作。②职业资格证书制度由国家统一制定并执行，具有权威示范性，代表着行业内的规范标准和准入门槛。企业为了自身技术的市场兼容性，就不得不对自己的员工进行统一的行业标准培训，以统一技术标准和操作流程，实现与业内市场的无缝对接。但是企业作为独立的市场经济体，很少有属于自己的正规的、师资雄厚的培训部门。此时，企业就会转向具有培训优势和实力的学校，以此来节约员工培训的成本和提高培训的效果。由于市场的竞争性，企业为了能够提前争取到优秀的专业人才，有可能考虑提前介入学校的人才培训，在企业的参与下，结合学校的人才培养方案提前进行员工培养。

第二，地方政府因素。地方政府是相对于中央政府而言的地方各级人民政府。与中央政府相比，地方政府的职能和权利更加具体化，如确定地方区域经济发展战略、调整区域产业结构、制定地方税收政策等。地方政府对校企合作的认识和重视程度、对上级政府校企合作相关政策的执行落实情况、对区域经济的发展规划和结构调整方向等，对校企合作有着直接影响。

一是地方政府对校企合作的认识和重视程度。地方政府对校企合作的认识程度直接决定了政府的政策支持力度，对校企合作的重视程度直接决定了政府的政策优惠力度，而政府的政策支持和优惠是企业参与合作的第一推动力，直接影响着企业参与合作的积极性。最初的校企合作都是由政府主导进行的，属于完全的政府驱动型合作，我国在20世纪五六十年代的校企合作就是由国家意志和各级政府进行推动和促成的。因此，学校和企业的合作既需要中央政府的宏观政策指导，更需要地方政府的具体政策支持。

地方政府对校企合作政策方面的影响主要体现在政策扶持、资金支持和法律法规完善三方面，具体包括：①政策扶持。政府可以通过减免税收、财政补贴、税收按比例返还等政策调控手段为校企合作创造良好的合作环境。②资金支持。一些利国利民的重大科研项目往往需要经历复杂的试验和较长的研究周期，中间试验阶段的耗费要远远高于成果转化阶段的耗费。这种项目不仅需要巨大的资金投入，而且科研结果存在着极大的不确定性，面对这种项目的巨大投资风险，企业和学校一般都难以承受，这就需要政府财政资金的支持。目前，一般是由政府出面组织协调，并通过财政资金承担校企合作项目经费的一部分，降低学校和企业的成本投入和风险系数。此外，对于一些重大的合作项目政府会进行财政拨款，建立专项基金，专款专用，为校企合作经费的来源创造多元化的平台，免除学校和企业的后顾之忧。③法律法规的完善。地方政府虽然立法权力相对有限，但是在初始阶段可以通过制定相关的管理办法来对校企合作行为进行法律框定和规范指引，然后再试行、修改、完善，后报上级部门进行立法。地方政府根据地方区域环境发展所制定的法规一般具有较强的实用性和针对性，可以为校企合作提供一个有法可依、有据可循的合作平台，促进校企合作新机制、新模式的产生，促进地方区域产学研的发展，进而推动地方经济的转型调整。

地方政府对校企合作的正确认识和高度重视，能够有效地提升校企合作的社会地位和认可度，确保家长、学生、教师对校企合作的信心，激发企业参与教育事业发展的积极性。政府政策和资金的支持，再加上法律法规的保驾护航，将会吸引更多的企业和学校加入校企合作中来，产生集群效应。政府出面组成的校企合作管理机构具有更高的权威性和可靠性，为校企之间信息共享提供便捷，其所提供的组织协调、监督管理、引导规范服务能够增强校企双方的信任度、合作行为的规范性和合作的成效性。

二是对上级政府相关校企合作政策的执行落实情况。上级政府制定的政策法规是需要靠地方政府来执行落实的，地方政府的落实情况取决于对政策法规的理解和重视程度，更取决于地方政府领导的执政理念。地方领导的执政理念越先进、越开明，对校企合作的接纳度和重视度自然就会越高，执行落实效率就会越高。因此，地方政府能否对上级政府对校企合作的引导做出正确和深刻的解读，根据地方的发展需要和实际情况，制订具体的实施计划和切实可行的方案举措，决定着上级部门制定的政策法规的信度和效力，进而决定着学校和企业在合作过程中的投入和利益能否得到保障，影响着校企合作能否顺利开展。

三是对区域经济的发展规划和结构调整方向。地方政府对区域经济的发展规划和结构调整方向，影响着学校科研项目和人才培养的方向和规模，影响着企业的市场布局和发展规划，进而影响着校企合作。一般而言，地方政府会结合当地的经济发展现状、特色和国家战略，确定重点扶持的行业，如果学校的专业设置能够与重点扶持的行业领域相关，那么政府给予的支持就会较多。因此，从学校层面来看，地方区域经济影响着地方政府对学校的投入和支持，制约着学校相关专业的发展速度和结构层次，进而影响着地方的经济结构和人才结构；同时，学校又能反过来作用于地方区域经济的发展。从企业层面而言，企业的行业属性决定着其能否获得地方政府的扶持。出于从培养符合重点行业人才的角度和以重点行业带动经济发展的考虑，政府会为属于该领域的企业和学校牵线搭桥，甚至会为合作提供更多的政策、资金支持，促进校企合作的成功率和有效开展。

地方政府在校企合作过程中的作用主要体现在三个阶段：①在合作关系确立前，地方政府可以对校企合作项目进行目标评估和资源条件满足情况评估，一旦符合合作的条件，政府可以出面牵线搭桥，以政府信誉促进合作双方建立优质的信任体系。②在合作过程中，地方政府可以根据项目的价值给予适当的资金扶持，并在金融政策、法律政策和人才引进政策上给予适当倾斜和优惠。③在合作关系结束后，地方政府可将创新性的合作模式和科研成果等进行大范围推广，并对其中涉及的商业环境进行针对性的完善，为下一步的合作创造条件、奠定基础。

（2）市场经济环境因素。在商品经济背景下，生产者和消费者为了满足各自的需求所发生的商品或者服务的交换行为，以及交换的条件、交换的关系和交换的过程总和构成了市场的概念。

校企合作的产生、形成过程所处的社会经济发展状况和国家经济战略统称为市场经济环境因素。从经济学角度而言，校企合作就成为一个微型经济体，是在市场经济体制下的一种特殊经济行为和产业发展模式，校企合作的产生、发展和创新总是在一定的经济环境下进行的，并受到经济环境中各种因素的诱导、制约和驱动。校企合作是以获得收益为最终目的的，合作的成果一般都是以产品或服务为最终载体。因此，校企合作的初衷是出于对价值创造方面的追求，即校企合作机制建立的出发点应该是市场需求。合作项目的成果最后也必须由市场来进行检阅，只有得到市场的认可，合作的价值才能最终实现。无论是供给方的市场竞争需求还是消费方的购买需求，都是推动校企合作的重要因素，二者相互渗透、相互影响、相互补充，共同凝聚成推动校企合作的主要力量。

一方面，在当今知识大爆炸和技术创新日新月异的时代，科技水平更新换代速度空前提高，新产品层出不穷，进一步缩短了产品市场的响应周期。任何一个经济体的发展都必须依赖充足、雄厚的经济基础，若想进行超常发展就必须依赖不断的技术创新，积累掌握领先于行业水平的先进技术，只有如此，才能获得充足的生存能力和发展空间。另一方面，随着我国改革开放程度的加大和经济发展水平的快速提高，人们的需求水平和品位也在不断提高，学校和企业作为经济环境中的两个独立个体，都承担着满足人们不断增长的物质需求和精神需求的责任，而个体单独的发展已经远远不能满足人们的需求，寻求合作是经济发展的必然产物。学校和企业虽然是两个完全不同的主体，但是所处的经济环境是相同的，而且在自身的发展过程中都面临着激烈的市场竞争，竞争的结果就是优胜劣汰。为了在激烈的市场竞争中占领更多份额，获得更多、更持续的市场利益，学校和企业必须充分考虑到市场中已经确定的有效需求和不确定的潜在需求。其中有效需求决定着当下二者合作的方向和模式，主要以尽快利用成熟理论、技术和成果提升市场竞争力为主要目标，并不断巩固自身的竞争力；潜在需求主要决定着二者合作创新的未来方向和发展趋势，即使是顶尖学校和企业为了维持自己的长久发展和超额利润，也不得不重视这点。因此，校企合作双方必须要保持强烈的市场经济环境意识。

此外，随着经济的发展，社会分工也在日趋细化和深化，企业单独依靠自身的力量已经很难做到面面俱到，保证各个环节都专业。因此，企业就必须在保证自身主流业务不断创新发展的基础上，通过与外界组织的联动、合作，将一些非主流的服务和业务外包给在行业内具有优势的其他企业，这样企业才能将更多的精力和资源放在主流核心业务的技术引进、模仿、消化、吸收、改进、创新等方面。在所有的外界组织中，高等院校有着与企业完全不同的资源和能力。对企业而言，与学校的合作，具有互补、协同、促进的效应，使企业对自身劣势的弥补更有针对性，使技术创新的频率和经济效益得到提高。

（3）社会环境因素。社会环境是指一定时期内整个社会发展的一般状况，是人类在生存、发展和进步过程中所积累的各种财富和形成的各种关系的总和。其主要内容包括社会结构、文化传统、社会道德标准、生活方式、人口规模趋势、文化教育、意识形态和价值观念等。社会文化环境是影响企业发展和市场的诸多变量中最为复杂、最为深刻和最为重要的变量，体现着一个国家、一个地区、一个民族的社会进步和文明程度。因此，本书所提到的社会环境主要是指社会文化环境。社会文化主要是指人类在长期发展历程中所积累形成的受教育水平、特定价值观念（伦理道德规范、审美观念、风俗习惯等）、人口因素、行为方式、文化传统、社会流动性、消费心理等内容。某一特定时期的社会文化影响和制约着人们的消费观念、购买意愿、消费行为、需求欲望及特点、生活方式等。这些不仅会对企业的销售理念和营销行为产生直接影响，而且对学校的培养理念和培养模式也会产生影响。任何企业和学校都处于一定的社会文化环境中，二者的所有决策和合作都必然受到社会文化环境的影响。为此，学校和企业应对社会文化环境进行充分的分析和了解，针对不同阶段的社会文化环境制定不同的发展策略，组织不同的推广活动。

其中，受教育水平的高低会直接影响校企的合作目的、合作层次、合作路径、合作模式和合作水平。特定的价值观念主要是指人们对社会生活中各种事件、事物持有的态度和看法以及评价各种行为的观念标准。生活在不同社会环境中的人们的价值观念相差很大，这种具有差异性的社会文化价值观是一种潜移默化的精神力量，是所有外部环境中最基本、最深层次的元素，不仅能够对其他社会环境因素产生影响，而且能够间接地促进或阻碍学术、技术活动的开展，形成一定的社会规则、引导性制度和市场偏好等。

人口因素包括学校和企业所在地居民的性别、地理分布、种族、密度、年龄、教育水平等。人口因素对学校和企业的总规模有着直接的决定性的影响——人口的性别和年龄结构决定着产业的类型，进而影响着社会的供给侧结构；人口的地理分布决定着学校和企业位置的选择；人口的受教育水平影响着该地区的人力资源状况；人口数量和家庭结构的变化也会对消费品的需求和未来变化趋势产生影响，因此也会影响到产品的生产规模；等等。行为方式主要指当下及新兴的生活方式与时尚潮流。社会文化因素反映了一个事实，即文化的交流、繁荣和融合使得社会变得更加多元化和开放，人们对物质和精神的要求越来越高，进而对美学、社交、求知、自尊、品位的需要也越发强烈，这些都是学校和企业合作过程中所要面临的挑战。文化传统是一个国家、地区和民族在较长的历史时期所形成的一种社会习惯，也是影响市场经济活动的重要因素。

社会流动性主要涉及人口内部的群体规模、社会阶层之间的差异以及不同阶层之间的转换率、财富构成变化等，不同的阶层对学校和企业的期望也会不同。例如，学校和企业对员工的评价标准是工资收益、科研成果、论文数量等，而消费者则主要关心的是产品的价格和质量、教学的效果和学生的就业质量等。消费心理对校企合作的战略也有很深的影响，如有的消费者就是要追求新鲜、前卫、时尚的产品、课程和活动体验，因此学校和企业的合作目标就必须考虑到产品的类型以满足不同心理需求的顾客的消费需求。

（4）科学技术环境因素。科学技术环境是指随着生产力的不断提高，社会技术总水平的发展变化趋势。科学技术是社会生产力中最活跃的因素。技术的突破和变迁不仅会对单个经济体产生影响，还会对政治、经济、文化等社会环境产生影响并相互作用，反作用于技术环境。科技是第一生产力，是全球化的主要驱动力，是任何经济个体永葆竞争优势的王牌后盾。如今，科学技术的迅速发展、深刻变革正对每个经济个体的整体发展状态产生着巨大的影响和冲击。对企业而言，科学技术的快速发展使企业技术的更新能力面临挑战，企业必须时刻保持对新技术的敏感嗅觉，尤其需要关注行业内部相关科学技术的现有水平、先进水平、可能突破的方向及发展的速度，不管是对新材料、新设备、新方法和新工艺等"刚性"技术，还是对先进的管理理念、管理方法、管理技术和管理模式等"柔性"技术，企业都需要随时跟踪掌握。就学校而言，学校承担着为社会培育人才的重要职责，也是国家科学技术研发创新的重要输出地，其对国内外先进技术前沿的把握和技术发展趋势的把握必须保持超前水平。此外，科学技术环境不仅直接影响着学校的硬件建设、教学方式、科研方向和科研成果的认可度等，还同时与其他社会环境交叉融合、相互作用，最终通过市场调控反过来影响学校的下一步发展。

互联网技术的快速发展使得科学技术具有变化快、变化大、影响面广和传播迅速的特点，这极大地缩短了技术交流的时间，拓展了技术扩散的范围，学校和企业如果技术创新不能及时跟进，就难以获得竞争的优势和持久性。在这种情况下，学校和企业都有提高自身技术水平的迫切需求，而校企合作的强强联合方式不仅能够满足双方的利益诉求，而且能够极大地缩短技术创新的周期，并且能够实现充分的资源共享。校企合作建立共同创新的合作伙伴关系，是科学技术发展所起到的推动作用。双方通过协同创新合作，取得技术突破后，推向市场，这又会成为下一步校企合作的新推动力量，经过几个循环和周期，最终形成了一种良性循环。学术界将此种模式称之为"技术规范—技术突破—技术轨道"模式，即新技术的突破一旦形成惯性和模式就会构建出能够源源不断产生新技术的技术轨道。

此外，科学技术对校企合作的方向还能产生诱导作用，对技术创新的趋势能够产生预期，进而影响校企合作的战略选择。如技术的进步能够使企业进一步增强对市场和客户的分析能力和控制能力；新技术的出现会导致其他行业对本行业产品和服务需求的增加，可以帮助学校扩大合作范围，使企业扩大经营范围和开辟新市场，增加收益；技术进步会使生产方法不断更新，从而使企业在不增加成本的情况下提高产品性能和服务的优质程度，从而巩固竞争优势；技术更新会增强用户体验度，导致旧产品被淘汰，缩短产品在消费者手中的生命周期，激发更多的购买需求；新技术的发展可以使学校和企业更有意识地注重自身的社会责任和关注可持续发展和增长的问题，如必须注意环境保护、避免不必要的资源浪费等。

环境因素本身对产教融合的影响具有一定的层次性，社会文化环境可以作用于其他因素而间接地对校企合作产生影响，同时蕴含着诱发合作进行技术创新的精神动力，因此它是最深层次的因素。政治因素、市场经济因素和科学技术因素对校企合作主要产生直接影响。科学技术环境主要由科技知识和技术水平的积累量构成，记录着一个国家的科学发展历程。它对校企合作的作用有正反两面性，它既可以以技术创新为推动力促进校企合作行为的发生，也可能会因落后的技术水平制约校企合作的发生。同理，经济环境和政治环境也可为校企合作提供相关要素、空间和规范标准，既可以为校企合作提供动力，也可对校企合作的方向产生约束。由此可见，校企合作行为实际上是在各种因素、制度和环境的共同影响和约束下，为了各自的利益诉求而相互促进、相互妥协并不断创造知识和产品的过程。校企合作在具体的环境氛围中交织出一张密集的、具有明显环境特征的合作关系网。

3. 合作运行规制因素的影响

影响产教融合运行的规制是这样理解的：合作机制只有合作主体双方主动去建立与其发展相适应的合作流程、合作细节以及相关的规范化的标准制度，才能使学校和企业两个具有完全不同文化的主体建立统一的管理规范和业务流程，实现合作机制中的各种资源的无障碍、有效配置。因此，在合作过程中应通过合作机制来规范企业与学校的合作过程。通常而言，这里所说的合作机制的内部规制具有五种职能：一是完成资源配置，通过完善资源在机制内部进行流转配置的规制，最大限度地节约流转资本，提高效率，保证有限的资源能够都配置在最需要的位置上；二是实现有效激励，通过机制内部合理激励机制的构建，最大限度地调动机制主体创新的积极性；三是控制潜在风险，即通过机制内部的监督管理和动力平衡机制，在风险的潜伏期进行源头防范；四是构建合作秩序，使机制中相关主体在合作过程的各个环节能够相互信任、相互扶持、相互协作，有序发展；五是统一标准，通过规范合作主体的管理制度和规范、业务流程和标准，形成相同的或者具有兼容性的判断标准。通过合作机制的这些职能恰到好处地发挥出正面的影响效果，才能够保障校企合作的畅通持久。因此，合作机制是一个重要的规制因素。

（三）产教融合中相关机构影响

1. 上级主管部门的影响

上级主管部门对产教融合有着至关重要的作用，对校企合作深度交融起到了约束、促进和监管的作用。上级主管部门的发展理念和经营格局对下属学校办学和行业内部校企合作的支持度有着很大影响。如果主管部门非常注重行业或企业的长远发展，就会加大对人才储备和培养的力度，重视技术的不断创新，从而促进校企合作的建立。这种支持办学、服务社会的责任感又会促使更多的企业和学校效仿，从而出现整体效应和共生效应，促进全行业的协同发展创新。上级主管部门的社会地位会影响其对校企合作的合作意愿、支持力度、给予的合作资源的种类和质量等。一般而言，上级主管部门的社会地位越高、经济状况越好，系统内的合作成功率就大。

2. 中介机构的影响

尽管校企合作双方的合作是自愿的、出于市场需求的，合作双方确实存在着资源和能力的互补，但是有时当学校和企业之间的合作关系的建立处于徘徊中时，如果存在双方都信任的专业机构出面协调担保，双方的合作就会容易达成。由此可见，中介机构在这个过程中发挥着重要的桥梁纽带作用，它的存在和介入降低了学校和企业合作双方的不信任感及在寻求合作伙伴时的搜寻成本。此外，针对中介机构比较成熟的行业，学校和企业对从中介机构处获得信息有着同等程度的依赖性。

（1）金融机构。金融机构是指从事金融服务的相关机构，是金融体系的一部分。在校企合作过程中，金融机构的介入可以通过办理科技信贷的相关专项业务有效地解决政府、学校和企业三方的资金问题，是校企合作平台的融资来源和渠道。科学技术投资是一种高风险和高回报的新型投资活动，为风险投资家所青睐。

（2）科技中介机构。科技中介机构是指面向社会开展技术扩散、科技评估、创新决策，为创新主体提供成果转化、创新资源配置和管理咨询等社会化和专业化支撑的服务机构。科技中介机构属于典型的知识密集型服务业，也是国家创新体系的重要组成部分，能够为校企合作提供专业化的支持和服务，促进校企合作的完成。

科技中介机构对校企合作的支持主要有三种类型：一是直接参与校企合作项目技术创新过程，主要提供一些具体的服务支持，如通过成立工程技术研究促进中心促进校企合作过程中的生产力的提高和技术创新的科技规范等；二是利用自身的技术和市场优势、现代企业管理的专业知识为校企合作的项目或主体提供市场性、专业性都比较强的咨询服务，如科技评估、招投标信息技术咨询、情报信息积累分析、知识产权和专利事务咨询代办等；三是通过技术市场、人才市场和产权交易机构等为科技资源的市场流动和转化提供信息、咨询和中介服务，实现科技资源的有效配置和效益最大化。中介机构的加入为合作双方提供了信息、技术、法律及知识产权方面的强有力的支撑，为校企双方能够制订切实可行的合作方案奠定了基础，也为校企合作项目平台中的人才招聘、培训、评级和推荐都提供了便利。科技中介机构的资源整合作用对校企合作而言具有较强的吸引力。科技中介机构对资源的整合主要有以下两种方式：

第一，学校或企业选择的合作对象有时不止一家，不管是同类行业还是不同类行业，在校企合作过程中的某些技术领域都会存在着一些共性，如果每个项目都靠自己研发不仅重复投资，而且有时技术的复杂性和人才需求的专业性过强使得这些共性技术并不是每一家企业都能有能力掌握，这时科技中介机构就可以发挥其优势，通过对多个企业的需求调研，与专业科研机构对接，对校企合作具有共性的中间技术和需求进行定制开发，各家参与机构只需要支付比自己单独开发低得多的费用就可以拥有使用权，然后根据项目的特殊需求进行二次开发。但是由于涉及多家企业和科研单位，这种方式在具体的协调过程中存在着诸多的协商问题和交易成本，有待进一步探索和研究。

第二，科技中介机构有时会对一些可能吸引企业的项目先与学校进行合作投资，当项目成熟到一定程度、具有转化为现实经济效益的时候再跟企业沟通，邀请其加入。这种方式的优点在于降低了校企合作前期企业面临的不确定性和风险性，有利于激发企业参与的积极性；缺点就是科技中介机构在这个过程中成为完全的风险投资人，承担了所有的潜在风险，如果这些资金的来源是通过融资或者政府拨款而来的，那么就相当于把风险转嫁给了投资者和政府。

总而言之，科技中介机构如果组织得合理得当，再加上良好的信誉和沟通协调能力，能够显著地提升校企合作的绩效，为更多的校企合作奠定基础和提供可借鉴的经验。但是信用保障机制和成熟的利益分配模式的缺失，导致了多方沟通的成本太高，使得合作的过程中存在着很多障碍。探索出一条缓解合作主体矛盾、信任体系完整和利益分配机制明确的科学组织模式，这是进一步提升校企合作成功率的关键。

（四）产教融合各主体因素间关系

1. 学校与其他因素间关系

（1）学校和企业。学校和企业之间是一种供给方和需求方之间的市场供求关系。企业出于自身发展和市场竞争的压力，对人才和技术的需求是持续不断的，而学校这时就是供给方；同时，学校需要募集更多的发展资金和支持、实现科研成果的现实转化及为学生提供更多的实践基地等，而这时企业就是供给方。学校和企业之间的关系是校企合作系统中最基础、最稳定和最重要的关系，是其他所有因素之间的关系形成、发展和完善的原动力，并制约着校企关系的继续还是终止，同时也会随着校企关系的变化而变化，构成新的系统和关系来服务和制约校企关系的发展。

学校和企业之间的供求关系决定了合作主体双方的利益共享和分配机制。在这个子系统中，学校和企业既有利益共同点，又有利益分歧点，只有双方都寻找到自己的合理利益点时，供求关系才能达到平衡。而这种供求关系能否达到平衡，也影响着其他因素之间的关系是否达到平衡及各因素之间关系的走向和表现方式。

（2）学校和上级主管部门。学校和上级主管部门之间是一种行政隶属的管辖关系，即学校是归上级主管部门领导的。这就决定着学校有很多事情都不能自作主张，必须由上级部门进行审核批示之后才能进行，学校的发展在很大程度上取决于上级主管部门的支持力度。上级主管部门的整体发展规划和管理理念直接影响着学校的发展，尤其学校与相关企业的合作。上级主管部门可通过行政手段、政策措施和源头把控等多种方式促进或阻碍校企合作关系的建立，同时，主管部门的改革和发展又依赖于学校的改革和发展，尤其依赖于学校丰富的人力和智力资源。因此，学校和上级主管部门之间的密切度、友好度直接制约着学校和企业的合作关系的建立和维持。

（3）学校与政府部门。学校与政府虽然是行政上下级关系，但是二者之间的关系更倾向于服务型的、友好的、利益同盟关系。这种关系主要是由二者自身的属性和职能所决定的，也是通过学校的上级主管部门来进行联络和传递的。尽管学校是独立法人，而且有上级主管政府部门的直接管辖，但是其他相关政府部门所制定的规章制度及整体的发展战略和激励考察机制等依然会对学校的发展方向和具体措施产生影响，进而对校企合作产生影响。

2. 企业与其他因素间关系

（1）企业与上级主管部门。企业与上级主管部门之间是行政辖属关系，也是合作伙伴和利益共同体，尤其是国有企业。企业的发展代表着主管部门的绩效，企业的利益直接关系到对当地税收的贡献。企业与上级主管部门之间的关系要比学校与上级主管部门之间的关系紧密、直接和明显。这主要是因为企业和上级主管部门之间的关系是双向的，而且是以经济利益为纽带的共同合作的关系；而学校的主管部门一般都是教育部或者地方的教育厅、教育局等，它们之间的关系则主要是单向的，即上级主管部门为学校提供发展支持，学校由于其自身不产生经济效益，与主管部门之间也没有经济利益往来。

企业的上级主管部门通过制订行业规划来指引和领导行业内企业的发展，主管部门更多关注的是本行业的经济收益，正因为如此，也会更加关注行业内企业的发展需求和利益诉求；企业的发展又决定着本行业的发展，代表行业的发展水平，奠定行业产业结构升级和改革的基础。因此，更确切地说，企业与上级主管部门之间是一种在政策上依赖、在资源上共享、在利益上共赢的关系。

（2）企业与政府。企业与政府之间的关系是互相影响、互相妥协和互相渗透的博弈关系，企业与政府之间的关系直接关系到校企合作能否产生和顺利执行。所谓博弈，是指企业和政府在一定条件和规则之下，从自身利益出发选择自己认可的行为或策略并加以实施，并从中获取各自利益和结果的过程。

由此可见，在现代市场经济体制下，企业和政府的关系主要是政府在市场自主调节的基础上对企业的行为进行干预甚至强制执行的关系。企业是政府最重要的利益同盟者，企业的兴旺发展与政府的政策和干预息息相关，政府的决策和干预不得不充分考虑企业的需求。但是有时企业为了追求利润最大化，又总是挑战政府职能的极限，使得政府不得不采取强制措施进行干预。因此二者之间始终保持着一种相互依靠、相互制衡的关系。如果企业能够在遵守法律法规和社会公共政策的前提下进行商业行为的实施和利润最大化的追求，那么政府就可以尽可能地为企业的发展创造条件和提供政策支持，从而间接地促成校企合作的顺利进行。

3. 其他耦合关系辨析

（1）主管部门与政府。由于企业与上级主管部门之间的关系紧密度要高于学校与上级主管部门之间紧密度，政府部门就可以通过制定相应的科技、投资和市场政策法规，行使行政职权进行监督引导以对校企合作进行促进或限制。

（2）中央政府与地方政府。二者在校企合作中的作用也不尽相同，中央政府主要侧重于发挥宏观引导、规划及监督管理审查的作用，而地方政府则主要是在响应贯彻中央精神和政策的前提下，根据自身的经济发展和独立利益需求对校企合作进行政策扶持和定向引导。

（3）中介机构与学校、企业和政府。金融和科技等中介机构的建立和完善，实际上是代替政府为校企合作进行着有效的和专业的金融、科技等服务，在学校和企业之间主要起沟通联络、帮助扶持和牵线搭桥的作用，尤其是风险投资的加入，有效地为政府缓解了财政风险，降低了校企合作过程中不可预见风险的发生概率，进而直接影响校企合作的达成和实施程度。

六、产教融合的功能与作用

产教融合是实现校企联合发展、全面提高学校综合实力、促进企业发展的重要方法和有效措施，是教育、社会和经济价值三者的集中化体现。产教融合将理论学习与实践、科学研究相结合，有效地保障了学校培养人才符合企业需求，为企业发展提供了大量的优质人才，促进企业的发展，从而对社会主义市场经济产生催化作用，让其得以高质量发展。产教融合的功能与作用如下：

（一）产教融合有利于专业定位与建设

产教融合对学校专业定位与建设具有积极的影响，产教融合对专业定位与建设的有利点体现如下：

第一，基于行业需求的专业定位。通过与产业企业进行广泛的合作和沟通，学校可以更好地了解行业的发展趋势、人才需求和技术要求。这有助于学校确定专业的定位和设置与行业需求紧密匹配的课程。

第二，优化课程设置。产教融合可以为学校提供宝贵的行业经验和实践案例，帮助学校优化课程设置。学校可以根据行业的实际需求，调整课程内容、设置实践环节，使学生能够获得与实际工作紧密相关的知识和技能。

第三，提升教学质量。产教融合可以促使学校引入行业专家参与教学过程，为学生提供更贴近实际的教学资源和指导。行业专家能够分享最新的行业动态、案例和实践经验，提升教学质量，使学生更好地适应未来的工作环境。

第四，强化实践能力培养。通过与产业企业合作，学校可以为学生提供更多的实习、实训和实践机会。学生可以在真实的工作场景中接触和解决实际问题，提升实践能力和职业素养。这有助于学生更好地适应工作要求，并增加就业竞争力。

第五，促进创新与科研。产教融合可以激发学校教师和学生的创新潜力，鼓励他们与产业合作开展科研项目。学校可以与企业、研究机构等建立合作平台，共同进行创新研究，解决行业和社会面临的问题，推动科技创新和产业发展。

综上所述，产教融合有利于专业定位与建设，能够提高专业的实践性和应用性，使学生更好地适应行业需求，提升教学质量和学生就业竞争力。

（二）产教融合实现学校课程体系建设

课程体系是学术发展的一种媒介，通过课程体系，能够学习公司各个职位所需要的所有技能，培养所需的工作技能。在学校课程体系建设中，产教融合可以发挥重要作用，以确保教育的质量和与实际需求的契合度。产教融合帮助学校更好地进行课程体系建设，具体措施如下：

第一，制定行业需求调研。开展深入的调研，了解各行业的需求和发展趋势。与相关产业企业建立紧密联系，了解其对人才的要求和期望，以此为基础制定相应的课程体系。

第二，产业专家参与课程设计。邀请相关产业的专家参与课程设计过程，确保课程内容与实际工作需求相匹配。专家可以提供行业内最新的知识和技能要求，指导教师设计具有实践性和应用性的课程。

第三，实施双师型教学。引入企业实践教师与学校教师合作授课，形成双师型教学模式。企业实践教师能够提供最新的行业案例和实践经验，学校教师则负责理论知识的传授，共同培养学生的实际应用能力。

第四，提供实习和实训机会。与产业合作，为学生提供实习和实训机会。学生可以在真实的工作环境中学习和实践，将所学知识应用到实际工作中，提高他们的职业素养和实际操作能力。

第五，建立产学研合作平台。学校可以与企业、研究机构等建立产学研合作平台，共同开展项目研究和创新实践。通过与企业合作开展研究项目，学生可以接触到最前沿的科技和行业动态，增强创新能力和解决问题的能力。

第六，定期进行课程评估和更新。建立健全的课程评估体系，定期对课程进行评估和更新。通过与企业合作，了解行业发展的变化和新的技术要求，及时调整和更新课程内容，保持与产业的紧密对接。

通过以上措施，可以有效地实现院校课程体系的产教融合，使教育与产业需求相协调。

第二节 产教融合改进路径及其助推价值

一、建立法规支持系统以助推产教融合

产教融合已成为提高职业教育人才培养水平的关键环节，然而，与校企合作、产教融合配套的法规还需要更加完善。学校需要某种支持时只能参考职业教育校企合作的法律和法规和政策。一套严谨的、可操作的法律和法规，是校企合作、产教融合的基本保障。

（一）制定产教融合法规的必要性

法律和法规的完善在促进产教融合有序发展方面起到了关键监督作用，确保产教融合有法可依、违法必究。制定产教融合法规是推动国家和地方颁布相关政

策的重要途径，企业与学校能否保持深度合作取决于国家法规的要求。产教融合法规使政策更加具体、明确和可行，为人力、资金、设施等产教融合所需提供了根本保障。政府为合作企业提供一系列优惠措施，如规定合作费用包括生产成本、税收减免等，以鼓励企业参与合作。为了提供必要的支持和资源，跨企业培训中心由联邦政府拨款与州政府和工商联等部门共同设立，为跨企业培训提供必要的资源和指导。

政府还为产教融合提供了明确且统一的制度，从而促进其向更高层次发展。这种高度的重视和法规的积极支持使得学校能够在教学、科研、管理和社会服务方面更好地开展校企合作。学生、教师、学校和政府通过不同方式和方法支持和参与校企合作，形成良好的校企合作和产教融合的社会氛围。在这种良好的合作氛围中，校企合作得到了广泛的支持，从而为双方带来了互利共赢的机会和价值。

总之，德国政府通过立法、优惠政策、资源支持和社会参与，为产教融合的发展提供了有利的环境，推动了学校和企业之间的合作，促进了产教融合的高质量发展。

（二）产教融合法规制定的推进路径

推动学校、科研机构与企业的合作，展示各自的优势和实力，是当前教育改革的核心目标之一。这种合作能够培养出实践型人才，推动科技的发展。

然而，目前存在一个问题，即传统的教学型院校的合作方式无法完全满足企业的需求。因此，我们需要加强宏观管理和指导，鼓励参与产教融合的各方制定政策和法规。为了明确参与产教融合的行业和企业地位，我们需要制定法律规定其权利和义务。这些法律规定将为产教融合提供有力的法律保障。我们还需要建立产教融合支持系统，通过管理协会对其进行指导和协调。这样可以确保产教融合顺利进行，并解决可能出现的问题。为了促进教育制度改革，我们需要建立现代企业教育制度，改变传统的就业准入制度。这样可以更好地培养出符合企业需求的人才。

为了确保产教融合政策和法律的有效执行，我们需要加强监督和管理。这将确保产教融合的正常运行，以实现预期的目标。同时，为了激发企业对教育的投资热情，我们可以制定企业参与产教融合的税收优惠措施。这将为企业提供更多的动力，积极参与到产教融合中来。最后，我们需要共同制定奖励、惩罚、企业义务和责任等具体的实施细则。这些细则将为产教融合提供操作性指导，确保其顺利实施。

总之，以上举措可以有效推动学校、科研机构与企业的合作，培养实践型人才，推动科技的发展，实现产教融合的良性循环。

二、建立财税支持系统以助推产教融合

为了促进产教融合，我们可以采取以下措施：

首先，我们可以设立专项资金，用于产教融合资金的周转和支持。这些资金可以用于支持教育机构与企业之间的合作项目，提供必要的资金支持。

其次，颁布税收减免政策，减免新产品税和科学技术投资等方面的税款。通过减少税负，鼓励企业增加科学技术投资，推动产学研合作的发展。

再次，设立产教融合贷款及创新资金，建立风险投资机制，提供资金保障。这将为企业提供融资渠道，并为创新项目提供风险投资支持，降低企业的创新风险。

接下来，国家可以减少直接拨款比例，增加间接资金支持。这样做可以促进产学研合作的市场化，鼓励创新实践和市场竞争，提高资源的效益利用。

此外，可以加速生产设备折旧，提供无息贷款回收成本，鼓励企业投资创新。这将降低企业的生产成本，促进技术创新，增强产教融合的动力。在国际合作方面，澳大利亚政府可以提供资金援助，扩大资金支持渠道，促进企业生产和教育融合。与此同时，韩国政府可以制定财政补贴和税收优惠政策，加速技术创新，扩大科研技术渠道。为了更好地推动产教融合，韩国还可以改革政府的科学研究体系，将研究所与政府部门分离。这样做可以提高科研机构的独立性和灵活性，

增强其与企业的合作能力。

最后，我们可以鼓励企业建立研究机构，对应缴纳的税款给予适当减免。这将激励企业积极投入研发和创新，促进产学研合作的深入发展。通过以上措施的实施，我们可以为产教融合提供更好的支持和保障，推动创新和经济发展的蓬勃发展。

（一）建立多渠道的经费保障机制

为了实现产教融合的目标，政府应明确责任和投资比例，并逐步提供资金支持。同时，建立一个稳定的金融投资增长机制，以增加财政投资比例，为产教融合提供更多的资金支持。此外，为了鼓励多层次的合作和表现出色的机构，政府应设立专项奖励基金，将表现优秀的项目和机构奖励起来。

学校可以与地方政府合作，建立产教融合基金，吸引社会捐赠并为项目提供资金支持。这样的合作可以增加学校与企业之间的联系，为学生提供更多实践机会。另外，企业也可以设立产教融合专项基金，用于提供励志奖学金和薪酬，以吸引更多的人才参与产教融合。

为了提供更多资金支持，可以成立产教融合专项贷款机构，为产教融合项目提供配套资金。这将帮助解决项目资金的问题，促进产教融合的顺利发展。同时，政府还应该支持初创企业与学校的合作，并设立创新资金，为他们提供更多的支持和发展机会。此外，政府还应该支持大型企业与学校的合作关系，促进产教融合的深入发展。

为了解决产教融合中的科技风险问题，可以建设产教融合科技风险基金，提供风险投资的支持。这将为创新项目提供更多的资金支持，促进科技创新和产教融合的结合。另外，为了识别和控制风险，需要加快建立评估系统，对产教融合项目进行评估和监管，确保项目的可行性和安全性。

总之，推动产教融合需要政府、学校和企业的共同努力。政府应明确责任和投资比例，并提供资金支持和奖励机制。学校和企业可以通过建立基金、专项贷款机构等方式为项目提供资金支持。同时，加强合作关系，促进科技创新，并加强风险评估和控制，确保产教融合的顺利推进。通过这些措施，我们可以期待产教融合在促进经济发展和人才培养方面取得更大的成果。

（二）建立全方位财税政策支持体系

产教融合的快速发展，迫使我们建立一个支持体系，其中财税政策起到了重要的作用。该体系包括以下内容：

第一，鼓励企业积极参与产教融合，需要建立一个全面的财税政策支持体系。这包括鼓励行业组织和企业建立培训学校，减免土地税，减免学校办学经费的税收，以及提供一定程度的财政补贴和支持。企业可通过扩大土地面积来享受税收优惠政策，而学生在实习期间的报酬生产成本可享受职业教育税费抵扣待遇。

第二，学校教育基金应按职工收入的1.5%～2.5%进行提取，并由政府进行统一管理和分配，从产教融合专项基金中退还剩余资金给学校。

第三，对企业税收政策进行顶层设计和宏观管理，弥补企业参与生产和教育所承担的支出成本。可在企业的增值税、所得税、教育附加费及营业税等方面给予一定的税收优惠政策，以激发企业的积极性，促使更多企业参与产教融合，培养更多高素质的技能人才。

第四，企业可通过为学生提供实践机会，培养他们的实际操作能力，以获得教育税收减免，前提是企业与学校签订计划。例如，德国政府为鼓励积极参与产教融合的企业提供税收优惠政策，企业在培训学生过程中产生的基本生产成本可获得完全减免。加拿大政府通过退税政策鼓励企业与学校密切合作，确保产教融合的顺利进行。建立一个全方位的财税政策支持体系，鼓励企业与学校深度合作，减少产教融合各方的直接成本支出，为顺利实现产教融合提供基本保障。

三、建立组织支持系统以助推产教融合

为推进教育改革和发展，需要建立政府主导、行业指导、企业参与的完善办

学机制，制定促进校企合作办学法规，推动校企合作制度化。同时，学校与企业之间的发展也需要有系统的规范和制度支持。近年来，学校与企业之间的互动引起了教育发展的热潮，并受到社会各界关注。然而，由于目前产教融合体制不健全，缺乏有效的规划和布局措施，因此产教融合的效益尚未充分发挥。只有通过建立产教融合的组织运行管理机构、健全产教融合制度保障，才能解决政策制度不完善等现实问题。

（一）建立产教融合组织运行管理机构

在企业与学校合作的过程中，涉及多个职能部门，当出现利益争夺时，需要建立一个专门的机构来协调产教融合，解决各部门面临的难题，并协调解决产教融合过程中出现的矛盾，以确保政府、企业和学校的正常运行。该产教融合协调机构的主要功能如下：首先，协调多个主体（如企业、学校等）之间的利益关系，提供具体细节的管理和协调，在资本投资、合作方式和产教融合创新的渠道上监督生产和实施项目；其次，联合政府部门和学校，积极开展与产教融合创新相关的理论研究和政策分析，制定实用有效的政策措施，促进产教融合顺利进行。许多国家已经成立了专门的产教融合协调机构，用于管理和沟通学校、企业和行业之间的工作。

为了深入推进产教融合，关键是由教育、财政、行业等部门联合建立产教融合决策与执行管理协会，共同搭建平台，负责统一调度工作。该协会的任务如下：首先，由政府牵头，协调教育、财政、发展等部门，加强统筹协调，形成政策合力，推进产教融合工作。协会负责研究产教融合发展形势，规划学校发展目标和内容，协调各主体之间的利益关系，制定并落实政策，检查和推进教育工程的发展。其次，产教融合决策管理协会的成员可以包括企业、学校和第三方服务机构的代表，他们共同讨论并做出决策。最后，产教融合执行管理协会由政府相关职能部门和第三方服务组织的成员组成。该管理协会负责将产教融合决策管理协会的计划、目标和任务付诸实施，在与学校、企业和第三方中介组织的经理开会讨论、洽谈等形式下，确定可行的项目、合作伙伴和实现双赢的途径。

多数学校目前未能有效发展产教融合，主要原因是缺乏专门的协调机构。现状表明，学校在产教融合方面缺乏组织和管理，导致行为散漫、无组织。因此，学校应逐步建立专门的产教融合协调机构，以促进学校、企业和行业的紧密衔接和深度合作。这个协调机构应由学校设计规划，整合行、企、校三方，为它们提供一个平台，以推动合作。为了实现有效管理，可以建立以下管理协会：

第一，教育规划和专业设置管理协会。负责把握行业动态和国内外教育发展前景，指导学校的发展方向；研究制定行业标准和岗位能力目标；解决学校和企业面临的问题。

第二，师资协调管理协会。在学校和企业的协调下，建立校企人事轮换和互聘制度；建立教员互动机制，形成稳定、共享、高产的教融合数据库。

第三，项目管理协会。管理项目合作的全部事务过程，包括项目的发起、计划和规范安排；管理人力、资金和设备资源的合理分配和使用。

对企业而言，大多数设立组织机构是为了经营，因此很少设立产教融合协调机构，这妨碍了学校与企业之间的联系和发展。为了改变这种状况，企业应设立专门的产教融合组织管理机构，承担起义务和责任。企业可以鼓励学生和教师到公司进行学习和进修，提供训练场地和基础设施，确保安全；利用学校的人才资源，与学校合作进行产品研发，为企业未来发展奠定基础；将企业需求融入产教融合发展过程中，与学校联手制定目标，培养优秀人才，并提供基础设施支持。产教融合协调机构不仅可以为企业节省人力成本，缩短工作时间，降低职工流失风险，还能为企业带来巨大利益。

（二）建立并健全产教融合的制度保障

为了推动产教融合发展，可以建立专门的产教融合监督检查机构，监管和评估产教融合项目的实施情况。监督检查机构应该构建顺畅、有力的监管工作体系，并加快监督检查工作的制度化进程。此外，监督检查机构还应不断完善监督方式和方法，将监督检查工作贯穿产教融合的各个环节，以促进科学化的监督工作。还可以建立产教融合的评估体系，制定科学的评价标准，建立严格的评估过程，对产教融合进行全面、多层次的评估。评估内容应包括符合法律法规的监督情况，对当地经济的影响及政府部门在产教融合中的作用评估。基于评估系统，逐步建立激励机制，鼓励企业积极参与产教融合，并对取得良好成果的企业给予多方面的奖励，包括在人才培养、技术研发创新及企业综合实力评价等方面。

企业、学校和行业之间需要通过多样的、全方位的合作渠道，推进产教融合的深度发展，研究有效的产教融合模式，如技术研发和岗位承包等，以建立稳定长期的合作关系，最大限度地发挥产教融合在人才培养中的作用。在推进产教融合过程中，应勇于创新，转变观念，研究适合我国国情和社会发展的多层次产教融合模式，保护企业的合法权益，鼓励企业积极参与。产教融合的创新机制需要企业、学校、政府和行业等多方面共同努力。政府部门应担负好规划和统筹角色，创造良好的创新氛围，建立平等合作、多方共赢、全面提升的环境，以促进产教融合有序发展。

以实现产教融合的自我调节。学校可以调整组织管理体系和专业设置，决定办学模式和管理体系，以适应产教融合的需求。同时，学校应建立弹性学制，提供灵活的学习时间和多样化的学习方式，以满足不同学生的需求。学校还应加强内部改革，营造教师开展科技和技术服务的氛围，并与企业和社会合作，为其提供新的服务技术。

企业方面，应建立产教融合的内在需求机制，提高对产教融合的认识，并积极参与活动推进。企业还应加强现代企业治理机制，明确责任关系，通过规章制度来规范产教融合合作活动，确保长期的发展。此外，政府应完善政策、法律和法规体系，为产教融合提供支持和资金。政府还应指导和协调各部门之间的合作，确保产教融合行动的统一规划。同时，政府应建立风险预警体系，以最大限度地减少产教融合的风险损失。

总之，产教融合需要政府、学校和企业共同努力，通过完善内部调控机制、建立长期发展制度、加强合作和风险管理，才能促进产教融合的健康发展。

四、建立综合评价支持系统以助推产教融合

为了推动产教融合，需要建立一个全面评估系统。以产教融合360评估系统为例。该评估系统的建立是产教双方深度合作的必要条件。该评估系统主要用于评价产教融合的合作项目、合作形式及其效果等方面。在产教融合过程中，学校常常会出现争取政府资助或者优惠政策项目的情况，这种情况会导致国家资源的浪费。因此，必须建立科学、标准化的支持学校产教融合项目管理体系，制定科学的生产合作体系和评价标准。这样能够使评价工作具有科学性、制度性、规范性和标准性，并逐步完善产教融合合作项目、工程监理、开支审查、过程监督和验收审查等方面。而且，必须积极严格地执行这些评估工作。

（一）产教融合360评估系统设计原则

产教融合的重要性不仅仅体现在学校培养应用人才的水平，也反映了用人的标准和企业的规范性，以及企业的生产能力和技术含量。及时获取访问结果并收集反馈信息，有助于推动校企深度合作的发展，促进学校之间的合作互补，实现合作与互助。为了确保有效的训练计划，学校应在国家的指导下与行业协会和合作企业共同建立一个360评估系统。该评估系统应基于合作效果的评价，总结经验，找出差异，确定更有效的训练计划。在设计产教融合360评估系统时，需要遵循以下原则：

第一，操作性原则。评估方法必须简洁、易于实施，并能够直观地反映产教融合的优点和缺点。评价指标体系需要具备科学性和精准性。操作性评价包括清晰、易懂、适度简化的指标建立，以便于数据采集，数据计算应遵循标准化流程。评价体系和指标计算方法应简单、科学、易于操作，以确保评估结果的准确性和可信性。

第二，全面性原则。产教融合评价应从组织、管理、培养条件、教学过程和培训效果等角度进行，以综合反映各个方面的情况。片面处理问题只能显示表面现象，无法揭示问题的本质，因此评价应该全面、全局地考虑各个因素之间的联系。

第三，目标性原则。考虑到评估对象的身份未知和评估方式的不确定性，评价模型应包括领导评估、同行评估、学生评估等多个评估视角。

第四，指导性原则。产教融合评价应该反映现有评价体系，并以学校与企业合作的精神来指导课程的理论学习和实践学习。评价结果应被用作改进和指导，以促进产教融合的持续改进和发展。

（二）产教融合 360 评估系统的建立重点

学校方面在考虑产教融合时，需要关注一系列关键点。首先是学校投入科技人员的比重。学校应该增加科技人员的数量和比例，以提供更好的科研支持和技术咨询服务。其次是学校投入实验仪器的比重。学校需要为教学和科研提供先进的实验设备，以支持学生的实践能力培养和科研活动。此外，学校提供给企业的科研成果比重也是关键因素。学校应该积极与企业合作，将科研成果转化为实际应用，推动创新和经济发展。

师资队伍的比例和双师型教师的比例也是需要考虑的因素。学校需要培养具有产业经验和实践能力的教师，以确保教学内容与实际需求相符。实践课程和工学结合方式的比重也是关键点。学校应该将实践课程纳入课程体系，提供更多实践机会，并结合工学实践，培养学生的实际操作能力。此外，学校还可以考虑设立企业专家工作室和管理协会的比重，以加强学校与企业之间的交流与合作。育人资源共享程度是另一个重要的关注点，学校可以与企业分享资源，共同提高人才培养质量。毕业生的就业能力、就业率、对口率和起薪水平也需要关注。学校应该与企业建立良好的就业对接机制，提升毕业生的就业竞争力。

合作发表论文和专著的数量也是学校产教融合考虑的因素之一。学校与企业之间的科研合作应该不仅局限于技术转让，还应该加强学术交流与合作，提高学术影响力。在考虑企业方面的关键点时，首先需要关注技术转让合同的数量。学校与企业之间的技术合作应该能够推动科技成果的转化和应用。其次是企业投入资金和设备的数量。企业应该增加对教育的支持，提供更多的投资和设备，以促进产教融合的发展。

建立就业前实践的专门基地能力也是企业方面的关键点之一。企业可以建立实践基地，提供实习和就业前培训机会，培养学生实际工作能力。企业投入研发人员的比重也是需要关注的因素。企业应该加大对研发人员的培养和投入，提升自身的创新能力。合作中技术开发与应用的程度、教学设施的利用率、合作项目数量、学校专家工作室数量、合作中知识产权的授权数及对区域经济的贡献等也是需要考虑的因素。企业与学校的合作应该注重双方技术的开发与应用，提高教学设施的利用效率，增加合作项目的数量，加强知识产权的保护和利用，同时也要注重对区域经济的贡献和社会效益。

第三节　产教融合视角下职业教育课程改革

"职业教育产教融合有利于教育改革和发展，有利于提升人才培养质量，更有利于解决人才与产业需求的问题。"[1]但学校产教融合还停留在浅层，如何实现产教深度融合，进行课程改革是重要环节。产教融合是现代职业教育的本质要求，是职业教育发展的方向，是构建职业教育体系的关键，是建设现代职业教育的核心。解决人才与产业需求的问题，是深化产教融合的出发点，而课程是进行教育教学活动的重要依据，是顺利完成人才培养目标的保证，是推动校企合作的核心，是深化产教融合的落脚点，解决人才与产业需求问题的前提是要实施课程改革。

---

　　[1]　石海燕，柳军，李东娅. 产教融合视角下职业教育课程改革探索 [J]. 高等职业教育探索，2019，18（2）：43.

一、产教融合视角下职业教育课程改革的必要性

第一，职业教育本质属性的必然要求。职业教育的目的是使学生掌握社会需要的职业能力和资格，毕业后能够拥有一份称心如意的职业，实现自我的社会化，所以"技术性"和"职业性"是职业教育的本质属性。产教融合本身就是职业教育的本质属性，它要求职业教育以职业和技术为导向，以培养学生的技术能力为目标，课程内容以技术知识和工作过程知识为主体，教学方式注重行动导向，课程开发以职业活动为核心，教学环境讲求职业情境的真实性。目前，职业教育一直提倡"以服务为宗旨、以就业为导向"的理念，要求院校结合产业发展现状和趋势，围绕产业岗位特征人才需求进行院校布局、人才培养目标制定、专业定位和课程设置。并且，产业的不断转型升级对职业技能的要求也在不断变化，职业教育改革是一个长期的发展过程，因此课程改革也要随之变化。

第二，人才与产业需求有机结合的现实要求。现代职业教育积极向内涵式发展提升转变，不断加大课程改革力度，在一定程度上提高了教学质量和人才培养质量，普遍提高了学校毕业生就业率。但是也存在着一些问题，如一些毕业生对工作岗位的满意度低、就业质量不高等。进行课程改革是解决这些问题，满足产业不断转型升级的人才需求的关键。因为课程是整个教育教学中的"灵魂"，它承载着教育教学的思想，是提升教育教学质量的关键，是达成人才培养目标的保证。课程设置必须符合产业发展需求，才能保证人才培养的质量，才能解决人才与产业的供需矛盾这一现实问题。

第三，职业教育产教深度融合实施的内在要求。课程是培养技术技能人才的核心和关键，职业教育产教深度融合必须把融合的触角延伸到实质性的课程领域。教会学生"谋生之能力、谋个性之发展"的本领、技能和素养，并要求企业深度参与到课程进行的整个过程，即从最初培养目标和方案的制订，再到组织课程内容的把关，最后教学运行实施的执行及评价鉴定的验收等，企业都要以合适的形式积极参与，这样才能达到学校和企业的深度交集和彼此作用。

二、产教融合视角下职业教育课程改革的策略

（一）确立产教融合课程目标以引领课程改革

产教深度融合要求职业教育培养出产业"用得上、留得住、有后劲"的技术技能型毕业生，因此课程目标要符合企业对人才需求的规格，确立产教融合课程目标，需要注重以下方面：

第一，课程标准既满足自身发展规划，又符合劳动力市场人才需求。职业教育作为服务劳动力市场经济发展需要的教育，必须保持与当前市场经济发展节奏一致，课程标准的设定要依据企业的人才需求标准和人才规格要求，并且课程标准的调整应符合产业结构的变化。

第二，开发产教融合课程，建立基于工作过程主导的项目课程。学校定期进行企业调研，专业课程内容设置与企业工作任务和职业标准对接，积极邀请企业专家参与学校课程开发，分析专业课程领域的发展和市场人才需求，校企合作进行专业课程的设计，改革以学科理论为中心的课程内容体系，构建基于工作过程为主导的项目课程。

第三，课程实施即教学中实施项目化课程教学。采用理论教学与实践教学相融合的项目化课程教学模式，构建以职业岗位工作程序为框架的教学体系。利用模仿企业实操的工作程序，以学生为主体，在模拟的工作情境中实践，学生在教师的引导下探索性地进行学习任务，以便总结学习经验和掌握本专业的技能。

（二）构建产教融合课程开发机制以推动课程改革

加强校企合作，是完善学校课程开发的必由之路，因此必须建立政校企密切合作的良好机制来保证产教融合课程开发的顺畅运行，必须从以下三个方面努力：

第一，在政府方面，可以颁布宏观的政策文件，确定学校与企业在校企合作中两者间的权利和义务；推进校企合作办学的激励政策和税收政策，调动学校企业合作参与到课程开发中来的积极性，以及设立专项资金投入到产教融合相关的

课题和课程开发中，深化产教融合；应该发挥督导和协调作用，要制定相应的政策和法规为产教融合课程开发提供保障，尽快消除影响校企合作的不利条件，构建职业教育课程开发的制度和体系。

第二，在学校方面，要提高企业服务意识和转变课程开发主体观念，明确企业的人才需求，在课程开发中找到校企的目标结合点，通过特色的人才培养模式，形成校企共赢的课程开发驱动机制，形成优势互补的稳固的合作新格局。

第三，在校企合作方面，建立"资源共享、优势互补、互利双赢"的长效校企合作机制。加强校企技术研发的合作，学校师生参与企业技术的研发，为研发新产品和新技术提供智力等资源；通过校企合作交流平台，让企业进入学校、教师进入工厂、教学进入现场，构建"校中厂"和"厂中校"这样的生产教学相交融的良好格局，为课程开发提供长效的机制保障。

（三）整合产教融合课程资源以促进课程改革

产教融合课程资源整合主要体现在以下方面：

第一，在课程开发人力资源层面，校内教师和企业专家技术人员共同主导课程内容的开发和设计。教师应加强自身教学能力、实践能力和科研能力，成为既能承担理论知识教学，又能指导学生实践和参与企业研发工作的"双师型"教师，以此提高校本课程开发的水平。企业专家或技术人员熟悉了解生产一线的最新行业动态，有较强的专业技术水平和经验，因此企业要积极鼓励企业专家和技术人员参与学校课程开发的工作。

第二，在教学资源层面，应建立数字化教学平台和信息技术化教育环境，开发具有学校专业类型特色的校本教材，制作配套的教学课件等多媒体材料。将校内教学资源库作为管理平台、校园信息网络技术作为支撑平台，确保教师有效完成案例导学和重难点分析教学，确保学生获得信息资源以完成拓展性学习项目和交互式学习任务。

第三，在企业资源层面，应充分发挥企业的主体作用，允许学生到企业实习实践，让学生在真实环境中掌握技术。因此，学校要根据地方经济社会发展的需要，加强与科技园、产业园、工业园等园区多层次、多领域、多形式的合作，采取订单式人才培养、与企业合办专业、建立实训基地和教学工厂。另外，针对特色学科专业开发具有专业特色的教材，在教学和科研经费上，适当向特色学科的教学和项目倾斜。

（四）完善产教融合管理制度以保障课程改革

在课程管理中，首先应建立与产教融合课程体系相适应的课程管理制度，包括校本课程开发管理和课程评价管理等。由国家统筹协调，通过相关政策制度对职业教育课程发展进行平衡和指导。由地方根据本地区的经济发展水平、行业企业需求和地域产业特色，制定符合地方经济发展需求的课程文件。由学校根据国家和地方要求，以及自身发展目标和当地企业需求，制订课程实施方案。其次应建立以应用能力为中心的课程考核体系。学校对学生的评价不能以单一的期末考试成绩为指标，而应以应用能力为重心，将学生在学习中的实践能力和在企业实训实习成绩纳入考核评价指标。可采用多样化的课程评价方式，采取成果展示、参加技能大赛和职业技能鉴定等方式来代替单一的笔试考试，以及校企共同评价的多元化主体评价方式。在推进课程改革、提升教育水平的同时，促进人才的发展。

第四节　产教融合背景下课程开发的策略

一、产教融合背景下课程开发的重点

（一）由理论课程向实践转变

学校的课程标准在确定课程类型、基本概念和目标方面起着重要指导作用，同时也指导了职业培训的实施。近年来，中国政府对学校的投资大幅增加，进一

步推动了职业培训行业的快速发展，也导致了课程标准的变化。在生产和教育一体化的背景下，课程标准的改变对课程的发展至关重要。

为了与实际需求更好地契合，课程标准需要强调实用教学内容，并增加实用教学时间。目前，需要提高实用教学时间与理论教学时间的比例，使其达到1:1。这样一来，学生能够在课堂上获得更多实践经验，并将所学理论知识应用到实际技能中。

此外，实习培训也是非常重要的一环，它使学生在理想阶段就能够在"学习过程中掌握技能"。通过实习，学生不仅可以掌握理论知识，还可以锻炼实际操作技能。因此，将实习培训纳入课程标准中，能够全面提高学生的职业素养和实践能力。

（二）课程开发主体的多元化

在职业教育的发展中，一个重要的改变是将教学大纲的制定方式从教师的统一指导转向多方利益相关者的共同定位。这意味着所有学校、政府、公司和企业都应参与课程的发展，从利益攸关方的角度来思考和设计课程。这个新的方式能够确保教育内容与实际需求保持一致，并为学生提供更具有实用性和应用性的知识和技能。

生产与教育相结合是促进创新职业教育和培训的一种新模式。通过产教融合，企业可以通过学校—企业合作平台进入校园，建立"校中厂"和"厂中校"。这种紧密的合作关系可以让企业更好地了解学生的培养需要和就业市场的需求，为学生提供更丰富的实践机会和职业指导，同时也能够为企业提供有潜力的人才储备。

在这个新模式下，学校需要提高对课程发展问题的认识，并充分考虑到企业的利益。学校应当与企业进行密切合作，形成新的互补合作模式。这样的合作可以帮助学校更好地了解企业的需求，并根据需求进行课程开发和改进。同时，学校也可以发挥自身教育资源的优势，为企业提供培训和人才储备的支持。

(三)课程反馈机制侧重过程

课程反馈在评估课程目标、发展情况、实施情况和对课程发展的影响方面起着重要作用。它为课程开发者提供宝贵的反馈，以便改进下一期课程。然而，课程反馈是职业教育培训中最复杂的任务之一，需要充分的数据支持。目前发现学校的课程理论研究在实践方面存在滞后的情况，特别是在课程反馈领域的研究。这意味着课程开发者在实施反馈过程中可能面临一些挑战。

课程反馈是课程开发中最重要、最复杂的部分，因此需要可靠的数据支撑。这样能够提高反馈的客观性和评价的效率。通过收集和分析相关数据，可以获得对课程目标的评估，以及对课程发展和实施情况的了解。

为了改善课程反馈的质量，学校应该加强对课程反馈的研究，并提供更多的支持和资源给课程开发者。此外，与教师和学生密切合作，了解他们的需求和反馈，也是提高课程质量的关键。最终，通过充分的数据支撑和合作努力，能够实现更好的课程反馈，促进职业教育培训的持续改进和发展。

二、产教融合背景下课程开发的路径

(一)培养校企合作开发意识

加强校企合作、产教结合是发展职业教育的必由之路，也是发展课程的必然选择。为了保证学校课程开发的顺利发展，建立稳定的、长期的机制至关重要。这一过程需要建立和改进法律和规章，以完善学校和企业在合作方面的权利和义务。此外，为了深化生产和教育的一体化，促进学校与企业的合作至关重要。为了实现这一目标，我们需要确定有利于企业发展的优先政策，促进高等职业学院的发展和增加投资。

为了建立学校—企业合作课程的长期机制，需要协调内部和外部因素，并建立联系机制。高等职业教育机构应致力于提供高质量的人才，向企业提供服务。在课程开发期间，建立职业发展机制和稳定的合作关系是至关重要的。为了确保学校—企业合作方案的顺利实施和运作，建立学校—企业合作方案发展协议制度是必要的。这将确保长期的合作和落实。最后，为了促进学校—企业合作方案的积极落实，需要采取积极的措施和行动。

（二）课程标准以企业为基础

职业教育必须补充培养生产、建筑、服务和管理一线人才的任务，加速社会主义现代化。职业培训的主要优点是直接针对职业岗位和确定职业培训课程的发展情况。换言之，职业教育机构采用工业和商业部门的标准，作为满足工业和商业部门人才需求的方案标准。作为满足社会和经济发展需要的职业教育，学校必须跟上社会和经济发展。在课程开发发展之前，必须收集和分析信息，以确定社会企业人才的资格标准。了解企业对专业人才的需求，使其适应当前社会和市场的需要，适应产业结构的课程标准，确定课程标准，符合学校发展规划和社会人才需求，促进课程开发的发展。

（三）重视课程内容的多样化

在课程和学习的基本原则中，教育目标、教育经验选择、教育经验组织和教育经验评估是至关重要的。同时，课程内容在课程和教学中扮演着非常重要的角色。为了确保师生能够通过网络交流和活动来学习知识，学校应综合利用数字学习资源、虚拟网络空间和传统课程资源。此外，课程内容应将体验建构与社会体验相结合，构建立体化的内容，使学生能够在实践中进行学习。学生应被视为职业培训中心，鼓励他们进行自主研究，并通过网络搜集、整理相关学习信息。最后，课程内容应在实践中形成一个三维结构，整合信息素养的理念和方法。

综上所述，教育目标、教育经验选择、教育经验组织和教育经验评估作为基本原则，以及综合利用资源、构建立体化内容、鼓励学生自主研究和培养信息素养等方面的努力，都有助于提升课程和学习的质量。

（四）建立完善的课程反馈机制

职业教育的主要目标是向社会提供高质量的专业人员。为了达到这个目标，需要根据职业教育机构的职能来制定教学大纲。这样能确保课程的内容与所需的技能和知识相符。

课程反馈是评估和改进职业教育的重要手段，包括对学校课程和课程本身的反馈。这两者同样重要，因为学生对教学的反馈可以帮助教师了解学生掌握情况和教学效果，并及时调整教学方法和内容。

为了满足快速发展的职业教育的需求，职业教育机构的课程反馈形式应更加灵活。建立以适用性为核心的课程反馈机制可以使教学内容与职业要求更加贴合，提高学生的就业能力。

评估学生的表现不再仅限于最后的考试，而是注重正式评估和简要评估的结合。这样可以全面了解学生的适应性和实用性，评价他们在真实工作环境中的能力表现。

在评价系统中，学生的适用性和实用性扮演着关键角色。通过实际技能的纳入，可以促进学生的综合发展，同时也推动课程设计、教师改革和提高教育质量的进程。

第六章 区域特色专业课程体系建设典型案例

第一节 航海技术专业课程体系建设研究

航海职业标准是由国际海事组织和我国海事主管机关为了培养高素质的船员、保障海上人命和财产安全及保护海洋环境而制定的相关公约、法律、法规、规章和规范性文件,它规定了航海类院校的学生所必备的理论知识、实践技能、素质要求等,这是一个框架,航海类院校的一切教学活动和课程设计都应当围绕这个框架进行。为了培养符合标准要求的高素质船员,各航海院校和培训机构都开设提高船员职业素质和专业技能的相关课程,如"船舶管理""海上货物运输""航海学""航海英语""防污染规则"等课程。如何建设一个科学合理的航海技术专业课程体系,使其真正体现"标准指导教学,教学围绕标准",是值得深入思考的一个问题。

我国航海教育主要分为本科、专科教育、非学历教育以及知识更新等,其中本科、专科教育是其中的主流教育形式。各院校虽然办学水平、层次不同,但基本的课程体系设计却是大同小异。我国采用普通高等教育模式,即接受连续3~5年的正规高等教育(其间包括数次为期1~6个月的专业实习),学习结束前参加海事主管机关的适任证书考试,毕业后通过一段时间的见习,获得值班驾驶员资格,以后的职业升迁仅需参加短期知识更新培训及通过更高等级的适任证书考试即可实现。

一、航海技术专业课程体系建设的原则

第一，应充分体现其应用性。首先，科学的航海技术专业课程体系必须具备较高的可行性、可操作性，在实践中还要体现实际应用性，即要将"理论紧密联系实际"这一主导思想贯彻始终。只有在对国内外航海技术课程体系现状充分了解并对学生的认知规律详细分析的基础之上，再结合学校实际情况，才能做到有的放矢，充分体现当代航海教育的趋势和方向。其次，课程体系的构建中也要强调理论与实践的结合，课程系统应能充分反映船上实际工作对船员的基本素质、能力的要求，对老旧、过时的课程和知识要予以淘汰，并及时将最新的、最适用的知识和技能传授给学生，这样培养出来的学生在职前就已经接受了比较系统的航海职业教育，在上船之后就能比较快速地胜任船上实际工作。

第二，充分体现引领性与先进性。航运业目前正朝着大型化、自动化、信息化方向发展，航海技术、设备也得到翻天覆地的变化，以信息化、自动化为代表的新技术、新设备层出不穷，这就为航海教育提出了新的课题。科学的专业课程体系的建设必须与时代对接，与新技术对接，充分体现其引领性与先进性。如已经强制执行的ECDIS[1]培训，ECDIS可有效整合驾驶台相关资源，使驾驶员在屏幕上就可完成对船舶状态和周围环境的判断。其中各种传感器数据的集中显示、可无限放大的电子海图使船舶的自动化操作成为现实。而在实际课程体系设置中也要充分体现这种变化，课程设置要科学合理，理论与实践结合紧密，使学生能熟练掌握并能正确使用这些先进技术和设备。

第三，课程体系的建设应具备可扩展性、可持续性。国际海事组织针对航运与航海技术的实际情况不断对相关国际公约和规则进行修订，这就要求航海院校的课程设置具备可扩展性，要在新的内容加入后，只需更新其中部分模块而无须改动整个体系。否则，就会造成牵一发而动全身，更新部分内容就需要撼动整个

---

[1] ECDIS（ECDIS-Electronic Chart Display and Information System）是指符合有关国际标准的船用电子海图系统。

课程体系，这对正在围绕现有课程体系学习的学生是非常不利的。因此，课程的可持续性也是整个课程体系设计时必须考虑的一环。

二、航海技术专业课程体系建设的注意事项

第一，应处理好课程体系的动态变化与相对稳定的关系。随着国际公约及国内法规的不断完善和修订，各方面的要求势必也会随之变化，如果航海院校盲目地随波逐流，就可能对现有的课程体系造成较大的冲击，以至于影响整个教学的进程。这就要求航海院校和培训机构把握课程体系的动态变化和相对稳定的辩证关系，要在适应公约要求的同时体现相对稳定的原则。

第二，要处理好考证和适任能力的辩证统一。在航海院校中，普遍存在的问题就是适任证书并不能真正反映适任能力。究其原因，是因为当前的教育和考试制度存在弊端，应试教育心态严重。要在短短两年半或者三年半的时间内学习大量的课程，并且拿到专项培训合格证和适任证书，对学生而言唯一可靠的方法可能就是背题库。这就使得教师在教学时也通常过分看重理论考试，轻视实践能力培养，最终造成虽然高分拿到适任证书，到船上工作却手足无措的现象。因此，要从根源上解决这种重理论、重考试成绩而轻实践、轻能力的矛盾，就应当用好考试这根指挥棒，合理设计考试，并引导各院校积极制定科学合理的课程体系和评价体系，使培养出来的船员真正做到能力与证书相匹配。

构建一个科学而合理的航海技术专业课程体系，并在实际工作过程中坚定不移地遵照执行，这样才能保证培养符合我国海船船员适任标准要求并具备"三强四好"素质的现代航海人。此外，这对改善我国航海教育整体质量，提高我国船员综合素质，对我国从海员大国向海员强国迈进都具有重要意义。

第二节 应用化工技术专业（石油化工方向）课程体系建设研究

一、应用化工技术专业课程体系改革与项目化课程建设

随着市场经济的高速发展和产业结构的升级换代，化工技术专业作为培养化学工程和化学工艺方面专业性人才的重要平台，面对越来越规范化、越来越职业化的岗位需求，迫切需要对专业课程体系的设置进行改革。应用化工技术专业课程体系的改革应紧密结合教学实践，特别是应用化工技术的各种项目，以优质精品的项目化课程建设为载体推动应用化工技术专业课程体系的改革，为应用化工行业培养和输送更多的技术技能人才。

（一）应用化工技术专业课程体系改革的环境分析

我国是世界第二大石油和化学品生产和消费大国，化工产业作为国民经济的支柱性产业之一，对我国的经济发展具有举足轻重的作用。应用化工技术专业的教育目标是坚实的化学工程与化学工艺方面的基本理论、基本知识和较强的实践技能，掌握精细化工、日用化工等基本原理和专业技能，涉及化轻工、医药、环保、日用化工及相关领域，从事于科学研究、产品开发、工程设计、生产技术管理、课程教学等工作，具备从事化工产品的研制与开发、化工装置的设计与放大、化工生产过程的控制与管理的能力。

对化工产业和化工企业而言，需要注重环保化、绿色化的生产工艺、生产设备、生产成品，而这都需要依靠更为科学、更为先进的技术，而这自然也成为培养应用化工技术专业人才必须面临的课题。应用化工技术专业应该关注未来行业和学生的个体发展，以应用化工专业技术课程体系改革为动力，切实促进应用化工技术专业学生能力目标的提升。

（二）应用化工技术专业课程与项目化课程的关系

项目化课程是以具体的项目作为教学的主题，从专业特点和职业发展出发，有助于引导学生更加积极主动地参与，培养学生的综合分析能力、实践操作能力、团队协作能力。学校对于人才培养的关键在于课程体系的构建，项目化课程作为教师和学生共同参与和实施的完整项目而进行的教学活动，以项目开始到结束的全过程行为为教学导向。针对应用化工技术专业的应用性和实践性较强的特点，以项目为载体，将项目的全过程作为专业教学的内容。

适用于应用化工技术专业的项目课程设置需要来源于市场上真实的生产经营活动，和化工企业的实际生产或者经营活动有着直接的关联性，项目化课程建设需要将应用化工技术专业的理论知识和实践技能紧密结合，并且具有一定的挑战性，特别是应用化工技术专业课程在教学过程中结合项目实施需要学习新的知识和技能，解决实践过程中出现的各种问题。同时，学生在学习无论是个体学习还是合作学习中，应严格按照项目化课程要求的步骤，制订项目计划、组织实施方案、检查评估报告等程序，最后以明确、具体的项目成果让教师和学生共同参与评价。在项目化课程的实践过程中，每位学生都是参与项目的"成员"，应用化工技术专业注重的不是项目的最终结果，而是完成项目的整体过程，所以应用化工技术专业课程改革选择项目不仅应满足教学要求，同时还应具备可行性。

项目化课程实践包含有支持教学的真实或模拟环境，一方面可以促进学生之间的合作，在应用化工专业技术项目的主题、信息的收集和方案制订等过程中以学生小组形式教学提高学生的协作能力；另一方面有助于学生掌握知识，项目化课程为应用化工技术专业学生理论知识和实践能力的获取提供了理想的环境，为学生未来进入职业岗位打下坚实的工作基础。

（三）通过项目化课程建设推进应用化工技术专业课程改革

1. 注重专业课程体系的优化设置与科学建设

应用化工技术专业课程体系改革的关键点在于专业课程的设置及建设，所以从思想意识上必须要予以高度重视，针对应用化工技术专业要做好充分的专业调查研究，从市场上应用化工技术专业的岗位出发，包括应用化工技术行业现状、人岗匹配程度、企业人才结构、毕业生就业情况等，做好专业设置和建设的定位。同时，准确分析应用化工技术专业岗位的任务和要求，概括专业岗位相对应的化工生产过程原理和设计、化工技术经济分析和生产运行管理、化工生产新工艺产品和新设备技术研究和设计等职业能力。在完成应用化工技术专业的分析和调研后，学校应根据专业能力的需求对课程体系进行优化。

为了更好地达到应用化工专业技术的要求，需要在教学过程中以具有代表性的项目为载体，确定项目化课程内容，确定应用化工专业技术课程体系和市场岗位的匹配程度，制定相适应的专业课程，针对应用化工技术行业岗位设计相关的课程及项目，以项目的运行过程开展教学工作，以课程的标准规范教学模式。

2. 以项目化课程为导向进行专业课程体系改革

应用化工技术专业教师在教学过程中应将每一课程教学任务的内容、条件、目标描述清楚，激发学生对于专业课程的学习动力。在教学过程中不能只是将课程的理论知识全盘灌输给学生，而是要强化学生的专业实践能力，以完成项目任务为载体。在应用化工技术专业课程体系改革过程中，应坚持理论知识和实践操作的统一，按照项目工作过程中知识和任务的关系进行教学活动设计。应用化工技术专业有些内容偏向于化工产品、有些偏向于操作流程、有些偏向于岗位结构等，因而其专业课程体系应对内容的主体框架予以确定，对项目工作的任务进行筛选。例如，一门课程可以作为一个大项目，而内部的课程组成部分分成几个不同的小项目，在逐步完成小项目的同时最终达到整体课程体系的完成。同时，加大对应用化工技术专业课程体系优化的指导和培训，通过构建项目化集合网络平台、成立项目化指导机构等方式进一步整合应用化工技术专业的优势资源。

3. 打造专业课程体系项目，强化专业实践能力培养

应用化工专业技术课程可以通过以项目为驱动参加各种项目竞赛，让学生在真实的项目环境下或者仿真的项目环境下不断提高自身的应用能力。首先，聘请

应用化工技术专业课程的专家学者对专业师生的项目化课程进行培训，培训紧紧围绕应用化工技术专业的教育现状和发展空间，对应用化工技术专业的项目化课程进行优化设计，选择精品的项目化课程案例。其次，通过"校企合作"的模式让教师和学生深入市场和企业了解和参与应用化工技术项目，并不断对专业课程内容予以整合和重构，确定出课程整体教学的方案。而后，加强专业课程信息平台的建设，扩大应用化工技术专业课程资料获取的渠道和媒介，让学生在学习过程中能够自主学习和收集资料。最后，构建项目化教学课堂，将外部应用化工技术的企业文化引进学校、引进教学课堂，根据学生的特点创建项目化课程教学的环境和氛围，充分发挥"项目化"的渠道作用。

综上所述，任何课程改革都是一项长期而又艰难的工作，对应用化工技术专业课程体系而言，在面临市场和行业转型升级的环境背景下，势必会面临种种的问题和状况。所以说，针对应用化工技术专业必须要加强课程体系的改革，准确把握应用化工技术的行业发展趋势，全面性、系统性优化专业课程教学模式，以项目化课程教学为导向和载体，在教学实践中不断探索和创新，为行业输送更多具备应用操作能力的人才。

二、基于工作过程的石油化工生产技术专业课程体系建设

下面以石油化工生产技术专业为例，探讨基于工作过程的课程体系建设。学校可以以就业为导向、能力培养为原则，依据石油化工职业岗位（群）的任职要求，从石油化工行业一线生产操作岗位任务分析和岗位专业知识技能入手，参照"化工总控工（中级）""油品分析工（中级）"职业资格标准，打破传统的学科型课程体系，以职业能力培养为核心，通过校企合作开展石油化工生产技术专业对应的职业岗位分析，凝练典型任务，确定行动领域，归纳出完成各项工作需要的知识、能力和职业素养，借鉴基于工作过程系统化课程开发模式，由行动领域向

学习领域转换，确定学习领域的内容，对学习领域的内容进一步进行分析，按照职业能力的形成过程和职业教育规律，构建基于工作过程系统化的课程体系。基于工作过程的石油化工生产技术专业课程体系设计可分为以下阶段：

第一个阶段：基本能力培养，可以安排在第一学年，着重培养学生的基本技能，课程以理实一体的方式由校内教师组织完成。主要课程为公共课程。组织学生到企业一线进行参观，增加学生对企业的了解，培养学生企业意识、基层意识，为下一阶段学习奠定基础。

第二阶段：专项能力培养，可以安排在第二学年，采取立式一体、赛训一体的方式，通过校内学习、实训、校内外技能竞赛的形式组织完成。主要课程为专业必修课及企业必修课，由校内专职教师与企业兼职教师共同完成。

第三阶段：综合能力培养，安排在第三学年，以工学一体的方式实施完成。第五学期通过校内一体化生产性实训基地，实施整个学期的项目综合实训，提高学生的综合能力。学生把在课堂中学习的知识技能拿到生产性实训中练习检验，以转化为将来岗位所需要的能力，包括学生的综合能力，如职业意识、团队意识、创新行为等，并要求每名学生提交实习报告。组织学生参加职业技能鉴定，使每名学生都能获得中级工以上职业资格证书，增强学生的就业竞争力。第六学期着重提升学生的岗位技能，让学生到企业参加顶岗实习，使学生在真实的工作环境中得到相关工作经验，并学习企业文化。

第三节　机械设计制造及自动化专业（智能制造方向）课程体系建设研究

中国制造业正在从传统制造转型升级为智能制造，高素质智能制造人才的紧缺问题亟待解决。因此，调整人才培养模式以培养大量适应智能制造的专业技术人才，是机械工程类专业应承担的人才培养任务。目前，机械设计制造及自动化专业（智能制造方向）的人才培养仍存在与企业智能制造人才需求脱节的问题，包括传统的教学内容不能满足企业需求、课程设置和培养体系基本还是以传统的机械加工及设计为主、理论和实践教学没有体现"新工科+智能制造"特色。因此，伴随着中国制造业转型升级的调整，机械设计制造及自动化专业（智能制造方向）的课程体系建设必须加快进程，以适应企业需求。机械设计制造及自动化专业（智能制造方向）人才能力要求如下：

第一，工业软件能力要求。工业软件是智能制造技术的支撑，是企业智能制造数字化转型升级的关键要素，是驱动智能制造系统的核心技术，更是实施制造强国战略的重要支撑。工业软件随着自动化和智能化产业的不断发展，通过不断积累行业知识，将行业应用知识作为发展智能制造产业的关键要素。同时，智能制造离不开工业软件，工业软件可以解决智能制造中的两个关键难点，即建模和模拟仿真、降低设计门槛。其中，设计门槛的降低意味着一般设计人员稍加培训就能做设计，同时设计质量得以提高、成本得以降低、效率得以提高，最终使产品创新变得简单起来。另外，虚拟现实融合使工业软件成为工业生产的成功要素，因此学校在机械设计与制造及其自动化专业（智能制造方向）应用型人才培养方案中可以增加工业软件的课程设置，从而让学生掌握工业软件技能。

第二，工业机器人技术要求。新智能制造强调"数字化为核心""机电相结合""智能化为方向"的思想。智能制造主要包含自动化生产线或机器人和柔性加工单元的融合，以及自动生产设备或机器人工作站间的数据交换。工业机器人在现代制造业中的应用越来越广泛，且社会对具有一定机器人在线编程和离线编程技术能力，能够与CAD/CAM系统结合，做到CAD/CAM/Robotics一体化的高级应用型人才需求提出了更高的要求。因此，学校在机械设计与制造及其自动化专业（智能制造方向）应用型人才培养方案中可以增加工业机器人及应用类课程设置，让学生掌握与工业机器人相关的软硬件技术能力，以适应智能制造的快速发展需求。

面向未来的机械设计与制造及其自动化专业（智能制造方向）知识体系必然具备新知识，包括与战略性新兴产业相关的工科专业新技术（尤其是信息技术）、新内容（尤其是学科交叉内容），由此可构建新的知识与课程体系。机械设计与制造及其自动化专业（智能制造方向）知识与课程体系框架的设置主要是对传统知识体系的构建进行调整，以使其适应新技术和新内容的快速变化。机械设计制造及自动化专业（智能制造方向）人才的培养定位是能够在现代机械行业从事机械设计制造、产品数字化开发与制造、现代化生产与管理和客户服务等方面工作的高级工程技术应用与服务型人才。因此，以应用与服务型人才培养为目标的机械设计制造及自动化专业（智能制造方向）人才培养知识与课程体系框架，需要根据智能制造对现代智能制造工程师的要求对现有的知识与课程体系进行改革。

为适应机械设计制造及自动化专业（智能制造方向）应用与服务型人才培养，建立教学、科研和实践相统一的平台，学校应结合"3+1"校企联合培养模式，重新组建工程教育体系。由于企业从传统制造转型升级为智能制造，"3+1"校企联合培养的内容也需要适应企业转型升级的需要，所以课程设置要采取课堂理论教学与学生参与实践有机结合的方式，并增设智能制造虚拟仿真、工业机器人、工业软件应用等相关课程。在课程体系中，通识教育平台公共基础课程重在培养学生的素质教育；科学基础平台课程重在培养学生具备较强的学科基础和跨专业知识；专业基础平台课程和智能制造方向课程重在培养学生具备学科前沿、产业需求方面的知识。另外，此课程体系与传统设计型课程体系相比，学生的工科基础知识体系得到了强化，避免了工科基础课程被弱化的缺陷，同时学生专业能力和素质都获得了极大的提升。在实践教学环节，机械设计制造及自动化专业（智能制造方向）建立了智能制造虚拟仿真生产车间（模拟），可以实现企业现场再现，并重构柔线制造系统，涵盖企业实际的加工单元。例如，数控加工中心、机器人上下料、自动输送料、产品在线检测、分选入库仓储等生产过程的智能化，加上集成传感技术、通信技术、生产过程管理技术，形成了现代智能制造生产机电一体化系统。同时，各制造单元可以独立教学，形成自动化子系统，教师也可以通过联网形成系统教学平台，有利于学生分组参与实训。

总而言之，随着中国制造2025、工业4.0[1]、智能制造等重大发展战略的实施，学校培养工程能力强的新工科人才意义重大。而机械设计制造及自动化专业（智能制造方向）为了更好地适应企业需求，在智能制造课程体系中增加了实践性强的课程，形成了特殊的理论和实践教学体系。同时，使智能制造课程体系面向智能制造的机械类人才培养模式可以全面提升机械设计制造及自动化专业（智能制造方向）应用与服务型人才培养质量，并适应社会对智能制造高级工程专业人才的新需求。

---

[1] 工业4.0（Industry 4.0）是基于工业发展的不同阶段做出的划分。按照共识，工业1.0是蒸汽机时代，工业2.0是电气化时代，工业3.0是信息化时代，工业4.0则是利用信息化技术促进产业变革的时代，也就是智能化时代。

参考文献

[1] 柴草，王志明.1+X 证书制度下高职院校"课证融通"专业课程体系开发路径 [J]. 成人教育，2022，42（9）：72-78.

[2] 董娜，陈健峰. 高职院校"教学工厂"人才培养模式的实践探讨 [J]. 现代营销（创富信息版），2018（12）：192.

[3] 房亮，关志伟，蔡玉俊. 本科层次职业教育教师专业能力模型构建与验证 [J]. 职业技术教育，2022，43（8）：52-59.

[4] 冯翠云."新工科＋智能制造"背景下人才培养体系建设：以机械设计与制造及其自动化（智能制造方向）专业为例 [J]. 西部素质教育，2021，7（11）：69-70.

[5] 高羽. 本科层次职业教育专业建设的指向、机制及路径 [J]. 教育与职业，2021，995（19）：19-26.

[6] 桂清. 发展新一代信息技术产业推动产业结构优化升级 [J]. 天津市经理学院学报，2012（5）：4.

[7] 郭强，李红霞. 现代学徒制人才培养模式研究 [J]. 继续教育研究，2020（6）：69.

[8] 郝建，于扬，牛彦飞. 职业教育本科专业建设的内涵、特征与基本路向 [J]. 教育与职业，2022，1008（8）：50-54.

[9] 侯楚. 产教融合背景下高职院校课程开发策略探析 [J]. 科技与创新，2020（4）：78-79.

[10] 胡梦漪，陈友广."双元制"人才培养模式本土化探索 [J]. 扬州大学学报（高教研究版），2013，17（2）：17.

[11] 胡晓琨，云青，闫智勇.政府主导型职业教育集约化实训基地运行机制研究[J].职教论坛，2012(27)：76-79.

[12] 黄京钗.高质量发展视域下职业本科教育专业发展探究[J].教育评论，2022(11)：78-82.

[13] 黄艳.产教融合的研究与实践[M].北京：北京理工大学出版社，2019.

[14] 黄营满.地方政府在高等职业教育管理中的角色定位研究[J].教育与职业，2009(20)：2.

[15] 李琪，李美仪.职业本科课程内容开发：视角、原则与行动策略[J].职教通讯，2021(8)：32.

[16] 李术蕊.努力建设中国特色世界水准现代职教体系：中英职业教育政策对话会议在天津召开[J].中国职业技术教育，2012(1)：8.

[17] 刘晓欢，郭沙，彭振宇."订单式"人才培养模式的特征及其构建[J].职业技术教育，2004，25(25)：21.

[18] 龙佳佳.高职院校工学交替人才培养模式研究[J].科技风，2019(2)：35.

[19] 龙金茹，翁玮，陈俊杰.基于产教融合背景下职业本科院校教师专业发展路径研究[J].继续教育研究，2022(11)：42-46.

[20] 路建彩，李潘坡，加鹏飞.职业教育本科层次课程开发研究[J].教育与职业，2021(23)：102-106.

[21] 吕淑芳.产教融合背景下高职院校课程改革及其推进[J].现代教育科学，2019(9)：136-142.

[22] 任小中，田晓光，邱明，等.新工科与专业认证背景下机械类专业课程体系建设：以机械设计制造及其自动化专业为例[J].教育观察，2019(16).

[23] 尚伟红.校企合作"订单式"人才培养模式探索[J].经贸实践，2017(2)：282.

[24] 施星君，余闯．职业本科专业评价设计的逻辑与路径 [J]．中国高教研究，2022（5）：102．

[25] 石海燕，柳军，李东娅．产教融合视角下职业教育课程改革探索 [J]．高等职业教育探索，2019，18（2）：43．

[26] 苏文明，田乃清．科学的航海技术专业课程体系的构建 [J]．航海教育研究，2013，30（1）：49-52．

[27] 孙庆国，张永帅．基于工作过程的石油化工生产技术专业课程体系的研究与构建 [J]．吉林省教育学院学报（下旬），2015（11）：93-96．

[28] 王联晓．TAFE 人才培养模式探讨 [J]．宁波工程学院学报，2005（2）：110．

[29] 王颖．试析职业的产生和发展与职业教育的关系 [J]．职教通讯，2013（13）：5-9．

[30] 魏伟，杜梦菲．职业本科专业教材建设的理论建构与实践探索 [J]．教育与职业，2022（13）：79．

[31] 谢剑虹．职业本科教育课程体系构建的内在逻辑与基本原则 [J]．当代教育论坛，2022（5）：116-124．

[32] 谢泽力．职业本科专业集群：目标、原则和策略选择 [J]．内蒙古教育，2021（15）：67．

[33] 徐俊生，张国镛，高羽．职业本科院校一流专业建设的价值、机制与路径 [J]．教育与职业，2022，1009（9）：57-63．

[34] 张莉，陈可涛，张伟．高职应用化工技术专业课程体系改革与项目化课程建设实践 [J]．中国多媒体与网络教学学报（电子版），2019（5）：42-43．

[35] 张永良，张学琴．高职"订单式"人才培养模式的有效机制探索 [J]．中国高教研究，2007（6）：51-52．